CAMPAGNES DES FRANÇAIS,

DEPUIS LE 8 SEPTEMBRE 1793,

Répondant au 22 fructidor de l'an 1er. de la République,

JUSQU'AU 1er. VENTÔSE, AN 5.

A PARIS,

Chez J. GRATIOT et Compagnie, imprimeurs, cul-de-sac Pecquay, rue des Blancs-Manteaux.

FLORÉAL, AN 5 DE LA RÉPUBLIQUE.

CAMPAGNE DES FRANÇAIS,

Depuis le 8 Septembre 1793, répondant au 22 Fructidor de l'an Ier. de la République française, jusqu'au 15 Pluviôse, an IIIe.

ARMÉES.		SEPTEMBRE 1793, an 1 de la Répub.
NORD.	HONSCOOTE ou HONDTSCHOOTE. *HOUCHARD, général en chef.* Bataille d'Honscoote, gagnée par seize mille républicains contre dix-huit mille hommes de troupes coalisées. Six mille ennemis tant tués que blessés.	8.
ARDENNES.	HASTIR ou HASTIÈRES, près Givet. *LOISON, commandant.* Enlèvement des postes d'Hastières; perte considérable des ennemis.	8.
ITALIE.	BROUIS, et autres postes aux environs de Sospello. *DUMERBION, général en chef.* Déroute complète des Piémontais, repoussés des postes de Brouis, Hutel et Levenzo. Deux mille ennemis tués.	8.
NORD.	DUNKERQUE et BERGUES. *HOUCHARD, général en chef.* Fuite précipitée du duc d'Yorck; retraite de quarante mille Anglais, Hessois et coalisés, forcés par suite de la bataille d'Hons-	9.

ARMÉES.		SEPTEMBRE 1793.
NORD.	coote, de lever le blocus de Dunkerque et de Bergues. Prise de cinquante-deux canons et de trois cents milliers de poudre.	9.
ALPES.	PLAINE D'AIGUEBELLES, en Maurienne. *LEDOYEN, commandant.* Avantage des républicains dans la plaine d'Aiguebelles; déroute des Piémontais devant des forces inférieures. Quarante ennemis tués.	11.
RHIN.	DAHNBRUCK, BLEISWEILLER, NIDERHORBACH, BARBELROTH, et forêt de BIENVALD. *LANDREMONT, commandant en chef.* Expulsion de l'ennemi attaqué sur tous les points de ses postes, au Dahnbruck et dans la forêt de Bienvald près Lauterbourg; les émigrés campés près Barbelroth et Bleisweiller, mis en déroute, sont poursuivis jusqu'à Niderhorbach. Deux batteries emportées, un obusier et trois canons encloués, une pièce de vingt-cinq démontée, toute une compagnie d'artillerie prisonnière, et cent chevaux tués.	12.
NORD.	WERWICK et COMINES. *HÉDOUVILLE, BÉRU, MACDONALD,* } *commandans.* Combat à Werwick et Comines; prise de quarante-huit canons. Deux mille ennemis prisonniers.	13.
ALPES.	ÉPIERRE et BELLEVILLE en Maurienne. *LEDOYEN, commandant.* Expulsion de l'ennemi, des hauteurs de	13 — 14.

Armées.		Septembre 1793.
Alpes.	Belleville ; prise de la redoute et des retranchemens d'Epierre. Grand nombre d'ennemis tués, dix-neuf prisonniers.	13—14.
Rhin.	**Nothweiller, Bondenthal.** *Landremont, général en chef.* Enlèvement, à la baïonnette, du camp retranché de Nothweiller ; l'ennemi est poursuivi jusqu'au-delà de Bondenthal. Prise de deux canons et de quinze cents fusils.	14.
Ouest.	**Montaigu.** *Canclaux, général en chef.* Victoire remportée par les républicains près de Montaigu.	16.
Pyrénées occidentales.	**Urdach en Espagne.** *Muller, commandant en chef.* Avantage sur les Espagnols à Urdach, dans la vallée de Bastan. Grand nombre d'ennemis tués.	16.
Pyrénées orientales.	**Vernet et Péyres-Tortes.** *Daoust, général en chef.* Reprise du poste de Vernet et de six pièces de canon, par quinze cents Français. Bataille à Péyres-Tortes, gagnée par sept mille cinq cents Français sur quatorze mille Espagnols. Déroute complète de l'ennemi ; prise de son camp, de vingt-six canons, quatre obusiers, et de quantité d'or et d'argent. Neuf cents ennemis tués, douze cents blessés, seize cents prisonniers.	17.

Armées.		Septembre 1793.
Pyrénées orientales.	Sterry, près le port de Paillas. *Sahuguet, commandant.* Prise, de vive force, de Sterry par les républicains, de trente mille cartouches et de beaucoup d'effets de campement.	18.
Idem.	Villefranche, Prades. *Gilly, David,* } *commandans.* Prise de Villefranche et du camp de Prades, de deux pièces de canon et d'une grande quantité de tentes.	21.
Idem.	Escalo, Uaborsy. *Sahuguet, commandant.* Prise de ces deux postes sur les Espagnols, dont beaucoup de tués et prisonniers.	21
		Vendém. an II.
Alpes.	Chatillon. *Verdelin, commandant.* Enlèvement, de vive force, des retranchemens de Châtillon, sur les Piémontais mis en déroute et forcés de repasser la rivière de Giffe. Grand nombre d'ennemis tués.	4.
Idem.	Gorges de Sallanges, près Cluses. *Verdelin, commandant.* Défaite de l'ennemi dans les gorges de Sallanges; prise de la redoute de Saint-Martin et de dix canons. Grand nombre d'ennemis tués, cent vingt-un prisonniers.	7.

Armées.		Vendém. an II.
Alpes.	**Mont-Cormet.** *Chamberlhac, commandant.* Enlèvement, de vive force, des retranchemens du mont Cormet, par cinq cents républicains qui repoussent mille Piémontais retranchés dans ce poste avec du canon. Nombre d'ennemis tués et blessés.	9.
Idem.	**Valmenyer.** *Prisy, commandant.* Enlèvement, à la baïonnette, du poste de Valmenyer; prise de deux canons, de beaucoup de tentes, équipages et munitions. Soixante ennemis tués, quatre-vingt prisonniers.	11.
Idem.	**Beaufort.** *Saint-André,* *Chamberlhac,* } *commandans.* Enlèvement, de vive force, du poste de Beaufort.	11.
Idem.	**Moutiers et Bourg St. Maurice.** *Kellermann, général en chef.* Prise de Moutiers et du bourg St. Maurice; expulsion de l'ennemi, du territoire du Mont-Blanc.	11.
Idem.	**Col de la Madeleine, au-dessous de Saint-Jean de Maurienne.** *Ledoyen, commandant.* Enlèvement, de vive force, du poste important du col de la Madeleine. Grand nombre d'ennemis tués, douze faits prisonniers.	11.

Armées.		Vendém. an II.
	Le Boulou et Argelès, près Collioure. *Delatre, commandant.*	
Pyrénées orientales.	Enlèvement des camps espagnols du Boulou et Argelès ; prise d'un canon, de deux mortiers, et de quantité de munitions.	12.
	Campredon. *Dagobert, commandant.*	
Idem.	Prise de Campredon, fuite des Espagnols, évasion des habitans.	13.
	Près de Villelongue. *Delatre, commandant.*	
Idem.	Combat entre la garnison de Collioure et la cavalerie espagnole ; déroute des ennemis. Grand nombre de tués, trente-six prisonniers.	13.
	Arrau, Vallée d'Aure. *Lasalle, Mascaron, Dat,* commandans.	
Pyrénées occidentales.	Enlèvement des postes d'Arrau et de la vallée d'Aure, après une attaque sur trois colonnes. Retraite de l'ennemi.	13.
	Bitche et Rorbach. *Delaunay, commandant*	
Moselle.	Combat et retraite précipitée des coalisés qui s'étaient portés sur Bitche et Rorbach avec douze mille hommes et quatorze pièces de canon. Cinquante ennemis tués.	24.

Armées.	Sarguemines. Delaunay, commandant.	Vendém. an II.
Moselle.	Combat près de Sarguemines ; l'ennemi repoussé avec perte de trente hommes, et un obusier démonté.	25.
Nord.	**Wattignies, près Maubeuge.** *Jourdan, général en chef.* Bataille de Wattignies, gagnée sur les Autrichiens, après deux jours de combat et trois charges à la baïonnette ; levée du blocus de Maubeuge. Six mille Autrichiens tués.	25—26.
Italie.	**Gillette.** *Dugommier, général en chef.* Avantage de six cents républicains qui se battent pendant dix heures, sans artillerie, et repoussent quatre mille Autrichiens, Croates et Piémontais, soutenus par six pièces de canon. Grand nombre d'ennemis tués, quatre-vingt-huit prisonniers.	27.
Idem.	**Gillette.** *Dugommier, général en chef.* Victoire complète sur les Piémontais, à Gillette ; enlèvement de redoutes, à la baïonnette ; prise de deux canons. Huit cents ennemis tués ou blessés, sept cent cinquante prisonniers.	28.
Pyrénées occidentales.	**Urrugne, près St. Jean-de-Luz.** *Jacob Ronchet, commandant.* Déroute de trois colonnes espagnoles, après une fusillade de cinq heures. Perte considérable de l'ennemi.	30.

ARMÉES.	VALLÉE DE BAIGORY.	BRUMAIRE, an II.
PYRÉNÉES ORIENTALES.	*DUBOUQUET, général-commandant.* Avantages sur les Espagnols dans la vallée de Baigory. Cent cinquante ennemis tués, onze prisonniers.	1.
NORD.	WARNETON, COMINES, WERWICK. *SOUHAM, commandant.* Enlèvement des postes de Warneton, Comines, Werwick, Roncq, Alluin, Menin, Furnes et Poperingues. Prise de sept canons, quarante ennemis tués, cinq cents prisonniers.	1.
ITALIE.	UTEL ou HUTEL. *DUGOMMIER, général en chef.* Défaite à Utel de cinq mille ennemis, par neuf cents républicains, après onze heures de combat.	1.
RHIN.	BREITENSTEIN. *BURCY, commandant.* Attaque du poste de Breitenstein par les Autrichiens ; l'ennemi repoussé avec une perte considérable.	2.
PYRÉNÉES ORIENTALES.	En avant de VILLELONGUE. *SOULEYRAC, MEYNARD,* } *commandans.* Reprise, à la baïonnette, d'une batterie ennemie, en avant de Villelongue. Cent ennemis tués, trente-deux prisonniers.	9.

Armées.		Brumaire an II.
Ouest.	**Grandville.** . . . . . *commandant.* Défaite des rebelles de la Vendée, sous les murs de Grandville.	24.
Rhin.	**Près Strasbourg.** *Pichegru, général en chef.* Surprise et enlèvement de trois postes ennemis.	26.
Moselle.	**Bitche.** *Barba, commandant.* Défaite de quatre mille Autrichiens devant Bitche ; grand nombre de tués. Cent cinquante prisonniers.	27.
Idem.	**Lébach.** *Ambert, commandant.* Déroute complète des Autrichiens, près Lébach ; grand nombre de fantassins et cent trente cavaliers faits prisonniers ; cent chevaux pris.	27.
Idem.	**Bising, Blise-Castel.** *Hoche, général en chef.* Prise de Bising et Blise-Castel, après un combat ; sept cents ennemis tués.	27.
Rhin.	**Neuviller.** *Pichegru, général en chef.* Enlèvement, de vive force, du poste de Neuviller, et de quatre autres environnans.	28.

ARMÉES.		BRUMAIRE, an II.
RHIN.	WANTZENAU. *PICHEGRU, général en chef.* Prise d'une forte redoute, et de sept pièces de canon, près Wantzenau.	28.
Idem.	Environs de BOUXWEILLER. *BURCY, commandant.* Enlèvement de deux redoutes formidables, près de Bouxveiller.	29.
		FRIMAIRE.
Idem.	BOUXWEILLER, BRUMPT, HAGUENAU. *PICHEGRU, général en chef.* Combats successifs et enlèvement de tous ces postes par les Français; déroute de l'ennemi.	Du 1 au 3.
ITALIE.	CASTEL-GENEST, BREC, FIGARETTO. *MASSENA, commandant.* Défaite de huit cents Piémontais, par cinq cents Français, à Castel-Genest et à Brec, après deux combats successifs. Prise de Figaretto et de trois cents tentes; grand nombre d'ennemis tués, soixante prisonniers.	4.
NORD.	HOUTEM, WERWICK. *SOUHAM, commandant.* Attaque de tous les postes ennemis sur la Lys; cent cinquante ennemis tués, cent quarante prisonniers.	10.
RHIN.	LANDGRABEN, GAMBSHEIM. *DESAIX, commandant.* Enlèvement de la redoute du pont de Landgraben, et des retranchemens de Gambsheim; perte considérable de l'ennemi.	11.

Armées.		Frimaire, an II.
Ardennes.	Entre Falmagne et Falmignoule, près Givet. *Rostolant, adjudant-général-commandant.* Vigoureuse sortie de la garnison de Givet, qui tue beaucoup d'ennemis, et ne perd que cinq à six hommes, entre Falmagne et Falmignoule.	12.
Rhin.	Près du bois de Gambsheim. *Diettmann, Desaix, Combès,* } *commandans.* Combat; l'ennemi repoussé perd soixante hommes tués : on lui prend cinquante chevaux.	12.
Idem.	Offendorff, Druzenheim. *Pichegru, général en chef.* Expulsion de l'ennemi du village d'Offendorff; il est poursuivi jusqu'à Druzenheim.	14.
Idem.	Dawendorff, entre Bouxweiller et Haguenau. *Pichegru, général en chef.* *Latournerie, capitaine-commandant la vingtième compagnie d'artillerie volante.* Prise des hauteurs de Dawendorff, après une action très-vive.	19.
Ouest.	Le Mans. *Marceau, commandant.* Victoire remportée sur les rebelles, près et dans la ville du Mans.	22.

Armées.		Frimaire, an II.
Pyrénées occidentales.	**Près St. Jean-de-Luz.** *Muller, général en chef.* Déroute des Espagnols, forcés de repasser la Bidassoa, après une perte considérable.	23.
Moselle.	**Dahnbruck et Lembach.** *Bonneau, Grangeret, Taponier,* } *généraux-commandans.* Enlèvement, de vive force, par trois différentes divisions de l'armée, des hauteurs de Marsal, du Dahnbruck et de Lembach.	25.
Italie.	**Promontoire de l'Aiguillette, près Toulon.** *Dugommier, général en chef.* Enlèvement, de vive force, des retranchemens et redoutes qui défendaient Toulon. Prise de treize pièces de canon.	25.
Idem.	**Toulon.** *Dugommier, général en chef.* Prise de Toulon; fuite précipitée des Anglais et des Espagnols. Douze cents ennemis tués.	26.
Ardennes.	**Bois de Jamaique, près Philippeville.** *Hardi, commandant.* Combat près le bois de Jamaique, entre une partie de la garnison de Givet et les Autrichiens. L'ennemi repoussé avec perte.	27.

ARMÉES.		FRIMAIRE, an II.
PYRÉNÉES ORIENTALES.	**Hauteurs près VILLELONGUE.** *DOPPET, commandant.* Enlèvement, à la baïonnette, par deux mille cinq cents Français, des hauteurs près Villelongue. Prise de seize canons, de deux obusiers, d'un mortier, le reste des canons encloués; cinq cents ennemis tués, cent prisonniers.	29.
		NIVÔSE.
RHIN et MOSELLE réunies.	**WERD ou WERDT, REISHOFFEN et GONDERSHOFFEN.** *HOCHE, général en chef.* Défaite de l'ennemi à Werdt; enlèvement, à la baïonnette, de plusieurs redoutes. Prise de seize canons, et de vingt-quatre caissons; trois cents ennemis tués ou blessés, cinq cents prisonniers.	2.
Idem.	**BISCHWEILLER, DRUZENHEIM, HAGUENAU.** *PICHEGRU, général.* Enlèvement de tous les retranchemens de Bischweiller, Druzenheim et Haguenau. Prise de plusieurs canons et caissons, et de quantité de munitions. Mille prisonniers.	3.
Idem.	**OBERSEEBACH.** *HOCHE, général en chef.* Déroute de l'ennemi, chargé jusqu'à six fois; grand nombre de morts et de blessés.	5.
Idem.	**GEISBERG.** *VERNET, commandant septuagénaire.* Prise du château de Geisberg, et de deux pièces de canon.	5.

Armées.		Nivôse, an II.
Rhin et Moselle réunies.	**Lignes de la Lauter et Weissembourg.** *Hoche, général en chef.* Évacuation forcée des lignes de la Lauter, de Weissembourg, et levée du blocus de Landau par l'ennemi.	5—6.
Rhin.	**Germersheim et Spire.** *Hoche, général en chef.* Enlèvement des postes de Germersheim et Spire; prise de magasins considérables de vivres et de fourrages.	7.
Rhin et Moselle réunies.	**Entre Germersheim et Franckenthal.** *Hoche, général en chef.* Poursuite de l'ennemi, et combats multipliés entre l'avant-garde française et l'arrière-garde ennemie. Cent vingt ennemis tués, soixante prisonniers.	14.
Noirmoutier.	**Noirmoutier.** *Haxo, commandant.* Prise sur les rebelles, de l'île de Noirmoutier, de cinquante pièces d'artillerie et de huit cents fusils.	14.
Rhin et Moselle réunies.	**Worms.** *Hoche, général en chef.* Prise de Worms, après la retraite forcée des ennemis.	17.
Pyrénées occidentales.	**Montagne de Louis XIV, près Ispeguy.** *Laroche, général de brigade commandant.* Surprise et enlèvement, de vive force,	23.

Armées.		Nivôse, an II.
Pyrénées occidentales.	du poste de la Montagne de Louis XIV, par quatre cents républicains ; destruction de tous les ouvrages espagnols.	23.
Rhin et Moselle réunies.	**Fort Vauban.** ***Hoche**, général en chef.* Les ennemis font une sortie du fort Vauban. Combat opiniâtre. Ils sont repoussés avec perte de deux pièces de canon et de quarante prisonniers.	27.
Rhin.	**Fort Vauban.** ***Hoche**, général.* Évacuation totale du département du Bas-Rhin, par les coalisés. Reprise du fort Vauban.	29.
		Pluviôse.
Pyrénées occidentales.	**Col d'Harriette, près d'Ispeguy.** ***Lefranc**, chef de brigade commandant.* Enlèvement, à la baïonnette, par deux cents Français, de la redoute d'Harriette, près Ispeguy. Huit ennemis tués, quarante-sept prisonniers.	2.
Idem.	**Urrugne, et Saint-Jean-de-Luz, ou Chauvin-Dragon.** ***Muller**, général en chef.* ***Frégeville**, commandant.* Déroute de quinze mille Espagnols, battus à Urrugne et Chauvin-Dragon, par cinq mille républicains. Douze cents ennemis tués.	17.

Armées.		Pluviôse, an II.
Pyrénées occidentales.	**Sare et Berra.** *Duprat, commandant.* Déroute complète des Espagnols à Sare et Berra.	17.
		Ventôse.
Rhin.	**Ogersheim.** *Desaix, commandant.* Enlèvement, de vive force, du poste d'Ogersheim par les Français. Prise d'une grande quantité de vivres et de fourrages. Cent quatre ennemis faits prisonniers.	1.
Ardennes.	**Soumoy, Cerffontaine, près Philippeville.** *Hardy, Rostollant,* } *commandans.* Combat près Soumoy et Cerffontaine; défaite de l'ennemi. Quarante Autrichiens tués, quatre-vingts blessés.	16.
Moselle.	**Hauteurs et Forges d'Iægerthal.** *Taponier, commandant.* Défaite de trois bataillons Autrichiens sur les hauteurs des Forges d'Iægerthal. Prise de deux drapeaux.	18.
		Germinal.
Idem.	**Apach, au nord de Sierck.** *Lefevre, commandant.* Avantage contre les Prussiens qui attaquent les avant-postes d'Apach. L'ennemi repoussé avec perte.	5.

Armées.		Germinal, an II.
Pyrénées occidentales.	**Saint-Michel, à deux lieues de Saint-Jean-de-Luz.** *Mauco,* *Enchops,* } *commandans.* Enlèvement, de vive force, du retranchement d'Ozoné près Saint-Michel ; fuite des Espagnols.	14.
Idem.	**Hendaye.** *Frégeville, commandant.* Défaite des Espagnols près Hendaye. Nombre d'ennemis tués et blessés.	17.
Italie.	**Fougasse.** *Bizannet, commandant.* Enlèvement, par six cents Français, après huit heures de combat, du camp de Fougasse, occupé par deux mille Piémontais et Autrichiens.	17.
Idem.	**Breglio, dans le comté de Nice.** *Macquart, commandant.* Enlèvement de tous les postes aux environs de Breglio. Prise d'un canon, d'un fusil de rempart, et de quantité de munitions.	18.
Idem.	**[illegible]ille.** *[illegible], commandant.* Prise [illegible] de treize bouches à feu, et de [illegible] cents fusils.	19.

ARMÉES.		GERMINAL, an II.
PYRÉNÉES ORIENTALES.	**MONTEILLA et URGEL.** *DAGOBERT, commandant.* Défaite des Espagnols à Monteilla. Prise d'Urgel et de sept pièces de canon. Grand nombre de prisonniers.	21.
ARDENNES.	**Entre VILLIERS et FLORENNE, à une lieue nord-est de Philippeville (ou Vedette républicaine).** *CHARBONNIÉ, général-commandant.* Avantage signalé remporté par un faible détachement, sorti de Philippeville (ou Vedette républicaine), qui chasse l'ennemi du bois situé entre Villiers et Florenne, et le met en déroute après lui avoir tué soixante-dix hommes et fait plusieurs prisonniers.	21.
MOSELLE.	**HAUTEURS DE TIFERDANGE.** *DABONVAL, commandant.* Combat d'une compagnie du premier bataillon du Haut-Rhin, et quatre-vingts chasseurs républicains, contre soixante hussards de Wurmser, et quatre cents paysans armés. Les hussards mis en fuite; les paysans taillés en pièces.	26.
Idem.	**HAUTEURS DE MERTZIG.** *VINCENT, commandant.* Occupation des hauteurs de Mertzig, après avoir repoussé l'ennemi.	27.
ITALIE.	**PONTE DI NAVA, sur le Tanaro.** *MASSENA, commandant.* Défaite de quinze cents Autrichiens à Ponte di Nava; cent ennemis tués.	27.

Armées.		Germinal, an II.
Italie.	**Orméa, dans le comté de Céva.** *Massena, commandant.* Prise d'Orméa, de douze canons, quarante barils de poudre, et de trente mille fusils. Quatre cents ennemis prisonniers.	28.
Moselle.	**Arlon.** *Jourdan, général en chef.* Bataille gagnée ; prise d'Arlon. Déroute complète de l'ennemi. Vingt-deux canons, trois caissons.	29.
		Floréal.
Ardennes.	**Aussoy, près de Philippeville.** *Charbonnié, général-commandant.* Déroute complète de l'ennemi après un combat de douze heures aux environs d'Aussoy. Deux cents Autrichiens tués.	3.
Rhin.	**Près de Kurweiller.** *Michaud, général en chef.* Victoire remportée après un combat opiniâtre. Le champ de bataille resté aux Français ; huit cents ennemis tant tués que blessés.	4.
Alpes.	**Monts Valaisan et Saint-Bernard, Poste de la Thuile.** *Bagdelone, commandant.* Enlèvement, de vive force, de toutes les redoutes des monts Valaisan et Saint-Bernard, et du poste de la Thuile. Prise de vingt bouches à feu, deux cents fusils, quatorze espingoles, et quantité d'obusiers. Cent ennemis tués, deux cents prisonniers.	5.

Armées.		Floréal, an II.
Pyrénées occidentales.	**Arnéguy, Iraménaca ou Iraméaca.** *Harispe, commandant.* Déroute des Espagnols et des émigrés, repoussés des postes d'Arnéguy et d'Iraméaca. Quatre-vingts ennemis tués, dix-sept faits prisonniers.	7.
Ardennes.	**Hauteurs de Bossu, Beaumont.** *Charbonnié, Desjardins,* } *généraux-commandans.* Victoire remportée après quatre heures d'une résistance opiniâtre. Enlèvement, de vive force, des hauteurs de Bossu ; perte considérable de l'ennemi ; entrée et réunion des armées des Ardennes et du Nord dans Beaumont.	7.
Nord.	**Courtray.** *Pichegru, général en chef.* *Daendels, commandant.* Prise de Courtray après une bataille générale sur toute la ligne, depuis Dunkerque jusqu'à Givet ; prise de trois pièces de canon et de plusieurs magasins.	7.
Pyrénées occidentales.	**Rocher d'Arrola.** *Harispe, commandant.* Enlèvement, de vive force, du poste du Rocher d'Arrola.	7.
Idem.	**Crête de Roqueluche.** *Mauco, commandant.* Déroute de quatre mille hommes d'infanterie et de dix escadrons de cavalerie espagnole, repoussés à la baïonnette. Perte considérablede l'ennemi.	7.

Armées.		Floréal, an II.
Pyrénées orientales.	**Oms et Pont de Céret.** *Dugommier, général en chef.* Expulsion de dix mille ennemis du village d'Oms, par trois mille républicains. Enlèvement des gorges et du pont de Céret.	8—10.
Nord.	**Mont-Castel.** *Souham, commandant.* Victoire à Mont-Castel, sur vingt mille Autrichiens. Prise de trente-deux canons et de deux drapeaux ; quatre mille ennemis tués.	10.
Idem.	**Menin.** *Moreau, Vandamme,* } *commandans.* Prise de Menin et d'une grande quantité d'artillerie. Quinze cents ennemis tués.	10.
Italie.	**Saorgio.** *Masséna, Macquart,* } *commandans.* Victoire sur les Piémontais. Prise de Saorgio, de l'artillerie ennemie, et de quantité de munitions.	10.
Pyrénées orientales.	**Les Albères, redoute de Montesquieu.** *Dugommier, général en chef.* Bataille gagnée sur les Espagnols aux Albères. Enlèvement de la fameuse redoute de Montesquieu. Prise de deux cents pièces de canon, grand nombre d'ennemis tués, deux mille prisonniers.	11—12.

Armées.		Floréal, an II.
Rhin.	**Lambsheim et Franckenthal.** *Michaud, général en chef.* Prise de Lambsheim et de Franckenthal par les Français; les portes de cette dernière ville sont enfoncées à coups de canon.	12.
Pyrénées orientales.	**Cap Béarn, Collioure, et Puys de las-Daines.** *Dugommier, Micas, Guillot, Lepelletier,* } *généraux-commandans.* Occupation, par les Français, des hauteurs du Cap Béarn et du Puys de las-Daines, où six mille hommes arrivent à travers les plus nombreux obstacles. Commencement du siége de Collioure.	15.
Alpes.	**Fort Mirabouck, Postes de Villeneuve des Prats.** *Caire, commandant.* Prise du fort Mirabouck, après quatorze heures d'attaque. Enlèvement des postes de Villeneuve des Prats.	20.
Idem.	**Redoute de Maupertuis.** *Caire, commandant.* Prise de la redoute de Maupertuis; retraite précipitée de quatorze cents Piémontais à l'approche de six cents Français.	20.
Ardennes.	**Thuin.** *Marçeau, commandant.* Prise de Thuin par les Français, après un combat opiniâtre. Enlèvement, à la baïonnette, de tous les retranchemens autrichiens.	21.

Armées.		Floréal, an II.
	Devant Tournai, devant Courtray et Ingelmunster.	
	Souham, *Daendels*, } *commandans.*	
Nord.	Défaite des ennemis devant Tournai ; prise de onze pièces de canon ; douze cents hommes tués. Combat de sept heures devant Courtray ; déroute complète de l'ennemi ; prise de plusieurs canons et caissons ; cent cinquante prisonniers. Déroute de l'ennemi à Ingelmunster ; grand nombre de tués ; prise de quatre canons.	21, 22 et 23.
	Camp de Merbes.	
	Desjardins, général de division, commandant.	
Ardennes.	Enlèvement de tous les ouvrages du camp de Merbes, d'où l'ennemi est forcé de se retirer sous le canon de Grandreng. L'armée, commandée par Desjardin, charge sous le feu des batteries ennemies, en criant VIVE LA RÉPUBLIQUE ! Au passage de la Sambre (le 23), les grenadiers du 49e. régiment, ci-devant Vintimille, s'élancent à l'eau pour soutenir les tirailleurs. Ce 49e. régiment met en déroute la légion de Bourbon (le 24). Le 68e. régiment, ci-devant Beauce, soutient seul, sur un pont, l'attaque des Autrichiens de beaucoup supérieurs, quoiqu'en butte à l'artillerie, et conserve son poste.	23.
	Grandreng, à trois lieues nord-ouest de Beaumont.	
	Desjardins, général de division, commandant.	
Idem.	Combat opiniâtre ; prise et reprise, trois fois, du village de Grandreng.	24.

Armées.		Floréal, an II.
	Mont-Cénis.	
	Dumas, Bagdelone, } *commandans.*	
Alpes.	Enlèvement, de vive force, des redoutes des Rivets, de la Ramasse, et autres postes sur le Mont-Cénis. Fuite précipitée des Piémontais, poursuivis à plus de trois lieues. Prise de leurs artillerie, équipages et munitions. Grand nombre d'ennemis tués, neuf cents prisonniers.	Nuit du 24 au 25.
	Collioure.	
	Dugommier, général en chef.	
Pyrénées orientales.	Sortie de la garnison de Collioure ; trois mille Espagnols repoussés avec perte ; grand nombre de prisonniers. Le général en chef des Français, blessé dans cette action.	27.
	Moescroen ou Moucron.	
	Thierry, commandant.	
Nord.	Défaite de l'ennemi à Moescroen ; enlèvement, à la baïonnette, de ses retranchemens. Prise de quatre canons ; quatre cents prisonniers.	29.
	Entre Menin et Courtray.	
	Souham, commandant.	
Idem.	Bataille gagnée sur les coalisés, entre Menin et Courtray. Fuite précipitée du duc d'Yorck. Prise de soixante-cinq pièces de canon. Grand nombre d'ennemis tués.	29.

Armées.		Floréal, an II.
Ardennes.	Bouillon vers Curfoz. *Dufour, commandant du bataillon de Bar.* Glorieuse résistance de quinze cents Français, qui s'opposent à la marche de quatorze mille Autrichiens vers Curfoz. Valeur signalée de cent cinquante jeunes gens de la première réquisition, qui tiennent en échec toute la droite de l'armée de Beaulieu devant Bouillon.	29.
Pyrénées occidentales.	Grande Mature royale, près Baïonne. *Dupeiron, chef de bataillon.* Enlèvement de six magasins ennemis, évalués plus d'un million. Rupture des écluses de la Grande Mâture royale. Prise d'une grande quantité de bestiaux.	29.
Idem.	Poste du Rocher, près Berra. *Muller, général en chef.* Déroute des Espagnols, repoussés à la baïonnette jusqu'à leur camp de Berra, avec une perte considérable.	29.
Pyrénées orientales.	Environs de Figuières. *Augereau, commandant.* Déroute des Espagnols près de Figuières. Grand nombre d'ennemis tués, trois cents prisonniers.	30.
Ardennes.	Bouillon. *Heyrand, commandant.* Belle défense de cent soixante Français, renfermés et attaqués par de nombreux ennemis, dans le château de Bouillon.	30.

Armées.		Prairial, an II.
Ardennes.	**Lobbes et Erquelinne.** *Charbonnié, Desjardin,* } *commandans.* Défaite de l'ennemi à Lobbes et Erquelinne, après un combat de six heures. Quinze cents hommes tués.	1.
Rhin.	**Schifferstadt.** *Michaud, général en chef.* Bataille de Schifferstadt, gagnée par quinze mille Républicains contre quarante mille Autrichiens. Mille ennemis tués ou blessés. Cent prisonniers. Un général Autrichien tué.	4.
Moselle.	**Neuf-Chateau, près Bouillon.** *Jourdan, général en chef.* Déroute complète de l'avant-garde de Beaulieu. Grand nombre d'ennemis tués. Cent prisonniers.	4.
Ardennes.	**Merbes-le-Chateau.** *Kleber, commandant.* Victoire à Merbes-le-Château, après une charge générale; douze cents ennemis tués, deux cents prisonniers.	5.
Moselle.	**Saint-Hubert.** *Jourdan, général en chef.* Enlèvement du poste de Saint-Hubert, défendu par deux mille Autrichiens. Fuite de l'ennemi, prise de son camp et de tous ses effets.	6.

Armées.		Prairial, an II.
Moselle.	**Dinant**, à quatre lieues de Givet. *Jourdan, général en chef.* Prise des redoutes et de la ville de Dinant. Grand nombre d'ennemis tués et blessés. Soixante prisonniers.	7.
Pyrénées orientales.	**Fort Saint-Elme, Port-Vendre et Collioure.** *Dugommier, général en chef.* Évacuation, par l'ennemi, des forts Saint-Elme et Port-Vendre. Reprise de Collioure. Sept mille Espagnols mettent bas les armes, et sont faits prisonniers jusqu'à l'échange. Prise de toute l'artillerie ennemie.	7.
Moselle.	**Saint-Gérard.** *Jourdan, général en chef.* Attaque des avant-postes du camp de Saint-Gérard par les républicains. Les coalisés débusqués de la majeure partie de leurs avant-postes.	12.
Ardennes.	**Bois de Sainte-Marie**, à cinq lieues d'Yvoi-Carignan. *Debrun, commandant.* Déroute des ennemis près le bois de Sainte-Marie ; deux cents hommes tués.	14.
Pyrénées occidentales.	**Col d'Ispeguy, les Aldudes, Berdaritz.** *Lefranc, Lavictoire, Harispe,* } *commandans.* Bataille gagnée sur plusieurs points. Enlèvement, à la baïonnette, du camp	15.

ARMÉES.		PRAIRIAL, an II.
PYRÉNÉES OCCIDENTALES.	d'Ispeguy, et des redoutes des Aldudes et de Berdaritz. Grand nombre d'ennemis tués. Quatre cent quatre vingts prisonniers.	15.
PYRÉNÉES ORIENTALES.	RIBEN, TOUZEN. *DOPPET, commandant.* Prise de Touzen et Riben sur les Espagnols, forcés à la retraite.	16.
ALPES.	POSTE DES BARRICADES, VALLÉE DE STURE. *VAUBOIS, commandant.* Prise du fameux poste des Barricades, communication rétablie entre l'armée des Alpes et celle d'Italie.	17.
PYRÉNÉES ORIENTALES.	Au-delà de LA JONQUIERE. *PÉRIGNON, commandant.* Défaite de 4000 Espagnols par un petit nombre de Français. Poursuite de l'ennemi au-delà de ses retranchemens ; prise de son camp. Investissement de Bellegarde.	19.
Idem.	CAMPREDON. *DOPPET, commandant.* Enlèvement de différens postes, et prise de Campredon.	19.
ALPES.	VALLÉE D'AOSTE, OU VAL D'AOUSTE. *ALMEYRAS, commandant.* Déroute de 1500 Piémontais par 200 Français dans la Vallée d'Aoste. Quarante ennemis tués.	23.

ARMÉES.		PRAIRIAL, an II.
PYRÉNÉES ORIENTALES.	**RIPOLL.** *DOPPET, commandant.* Prise, de vive force, et destruction des Forges de Ripoll.	23.
MOSELLE.	**SAMBRE, CHARLEROY.** *JOURDAN, général en chef.* Passage de la Sambre par l'armée de la Moselle. Investissement de Charleroy. Combat aux avant-postes. L'ennemi, par-tout repoussé, laisse beaucoup de prisonniers.	24.
MOSELLE, ARDENNES, et NORD, réunies sur la SAMBRE.	**GOSSELIES, près Charleroy.** *JOURDAN, général en chef.* Action vigoureuse sur plusieurs colonnes, qui repoussent tous les avant-postes de Charleroy, et se portent victorieuses jusqu'au-dessus de Gosselies.	24.
Idem.	**Près CHARLEROY.** *DEVAUX, BOIS-GÉRARD,* } *commandans.* Enlèvement et destruction, sous le feu du canon ennemi, d'une redoute près Charleroy. La garnison de Charleroy vigoureusement repoussée.	26.
Idem.	**Près CHARLEROY, à côté de la chaussée de Bruxelles.** *DEVAUX, adjudant-général-commandant.* Enlèvement, de vive force, et en moins	28.

ARMÉES.		PRAIRIAL, an II.
MOSELLE, ARDENNES, et NORD, réunies sur la SAMBRE.	de dix minutes, de la redoute près Charleroy, à côté de la chaussée de Bruxelles ; le premier bataillon du Bas-Rhin repousse vigoureusement une sortie de la garnison de Charleroy.	26.
Idem.	TRASSIGNIES. *JOURDAN, général en chef.* Victoire sur les coalisés, après un combat de douze heures. Prise de sept canons. Six mille ennemis tués. Cinq cents prisonniers.	28.
NORD.	YPRES. *MOREAU, commandant.* Prise d'Ypres, après douze jours de tranchée ouverte. La garnison de six mille hommes prisonnière. Prise de cent pièces de canon, vingt-neuf drapeaux, neuf cents chevaux.	29.
ALPES.	PETIT SAINT-BERNARD. *BAGDELONNE, commandant.* Défaite des Piémontais au Petit Saint-Bernard. Cent ennemis tués, cent prisonniers.	30.
		MESSIDOR.
PYRÉNÉES ORIENTALES.	CAMPREDON. *DOPPET, commandant.* Reprise de Campredon à la suite d'un combat.	1.

ARMÉES.		MESSIDOR an II.
PYRÉNÉES ORIENTALES.	**L'ÉTOILE, BEZALU.** *LEMOINE, commandant.* Prise des postes de l'Étoile et de Bezalu, de quatre drapeaux, cent trois tentes, quarante barils de poudre, vingt-neuf tonneaux de cartouches, et beaucoup d'autres munitions de guerre.	2.
PYRÉNÉES OCCIDENTALES.	**POSTES DU ROCHER DOS-D'ANE, et CROIX DES BOUQUETS.** *FRÉGEVILLE, commandant.* Bataille de la Croix des Bouquets, et enlèvement des postes du Rocher Dos-d'Ane. Déroute complète d'onze mille Espagnols; huit cents ennemis tués ou blessés; quarante prisonniers.	5.
NORD, ARDENNES, MOSELLE.	**CHARLEROY.** *JOURDAN, général en chef.* Prise de Charleroy rendu à discrétion; trois mille hommes de garnison prisonniers; cinquante pièces de canon.	7.
Idem.	**FLEURUS.** *JOURDAN, général en chef.* Victoire mémorable de Fleurus, remportée après dix-huit heures de combat, par soixante-dix mille républicains contre cent mille hommes des armées coalisées. Fuite de l'ennemi avec perte de dix mille hommes tués.	8.
PYRÉNÉES ORIENTALES.	**BELVER.** *CHARLET, commandant.* Prise de Belver, et déroute complète des Espagnols; mille ennemis tués ou blessés; trois cents prisonniers.	8.

Armées.	Lernes, Marchiennes, Monceau et Souvret.	Messidor, an II.
	Kléber, Bernardot, Poncet, Daurier, commandans.	
Sambre et Meuse.	Avantage considérable remporté sur l'ennemi aux postes de Lernes, Marchiennes, Monceau et Souvret. Fuite et perte considérable de l'ennemi.	8.
	Rœulx, Mont-Palisel, Bois d'Harvé. *Kléber, commandant.*	
Idem.	Enlèvement des redoutes et du camp de Rœulx, des postes du Mont-Palisel et du Bois d'Harvé. Prise de deux canons.	13.
	Mons. *Kléber, commandant.*	
Nord, Sambre et Meuse.	Prise de Mons; déroute de l'ennemi; prise de vingt mille quintaux de grains.	13.
	Seneff, Nivelles vers Gembloux. *Olivier, Marceau,* commandans.	
Sambre et Meuse.	Expulsion de l'ennemi, de Seneff. L'armée de Beaulieu est vigoureusement repoussée d'auprès de Gembloux.	13.
	Ostende. *Moreau, commandant.*	
Nord.	Prise d'Ostende et de quantité de vaisseaux ennemis.	13.

ARMÉES.		MESSIDOR, an II.
NORD.	**TOURNAI.** *PICHEGRU, commandant.* Entrée des Français dans Tournai. Prise de vingt pièces de canon et de beaucoup de munitions.	14.
RHIN.	**FREIBACH, HAMBACH, HOCHSTETT.** *MICHAUD, général en chef.* Enlèvement, de vive force, de plusieurs avant-postes et retranchemens ennemis.	14.
ITALIE.	**LOUANO et PIÉTRA sur les côtes de Gênes.** *DUMERBION, général en chef.* Déroute de quatre mille Piémontais par la garnison de Louano ; leur expulsion de Piétra.	15.
NORD.	**OUDENARDE et GAND.** *PICHEGRU, général en chef.* Prise d'Oudenarde et de Gand ; vingt-quatre pièces de canon, dix mille boulets, trois cent mille rations de fourrages, quatorze bateaux chargés de munitions.	17.
SAMBRE et MEUSE.	**VATERLO.** *JOURDAN, général en chef.* *LEFEBVRE, commandant.* Défaite de trente mille ennemis par l'avant-garde de l'armée française, de quatorze mille hommes.	18.

ARMÉES.	SOMBREF, BOIGNÉE, BALATRE.	MESSIDOR, an II.
SAMBRE et MEUSE.	*HATRY, commandant.* Victoire remportée sur les coalisés à Sombref. Quatre mille ennemis tués, huit cents prisonniers.	18–19.
Idem.	CHAPELLE SAINT-LAMBERT. *DUBOIS, commandant.* Combat très-vif à Chapelle Saint-Lambert; déroute de l'ennemi, qui laisse beaucoup de prisonniers.	20.
Idem.	BRUXELLES. *JOURDAN, général en chef.* Entrée victorieuse de l'armée de Sambre et Meuse dans Bruxelles. Prise des magasins et des munitions.	22.
PYRÉNÉES OCCIDENTALES.	BERDARITZ, aux Aduldes. *MONCEY, commandant.* Enlèvement, de vive force, du camp des émigrés, près Berdaritz. Fuite de l'ennemi avec perte de cent hommes tués, grand nombre de blessés, quarante-neuf prisonniers.	22.
RHIN.	FREIBACH, FREIMERSHEIM, PLATZBERG et SAUKOLP. *MICHAUD, général en chef.* Bataille gagnée sur toute la ligne; enlèvement, de vive force, des postes de Freibach, Freimersheim, et des montagnes de Platzberg et Saukolp. Deux mille quatre cents ennemis tués. Prise de quinze canons.	25.

Armées.		Messidor, an II.
Rhin.	**Gorges d'Hochspire, Spire et Neustadt.** *Michaud, général en chef.* Prise des gorges d'Hochspire, et entrée des Français dans Spire et Neustadt. Grand nombre de prisonniers.	26.
Italie.	**Verttaute, village du comté de Tende, sur le seul chemin qui sert de passage par les Alpes, de Tende à Coni.** *Lebrun, commandant.* Prise de Verttaute par les Français. Cinquante-neuf prisonniers; cinquante tués ou blessés.	26.
Moselle.	**Tripstadt.** *Moreaux, commandant.* Enlèvement, à la baïonnette, des redoutes et du poste de Tripstadt. Prise de six canons et de deux obusiers.	26.
Sambre et Meuse.	**Montagne-de-fer, Louvain.** *Kléber, commandant.* Enlèvement, de vive force, du poste de la Montagne-de-fer, près Louvain. L'ennemi chassé de Louvain; prise de cette ville après une vigoureuse résistance.	27.
Nord.	**Malines.** *Salme, commandant.* Prise de Malines après un combat. Les Français font deux cents prisonniers.	27.

Armées.		Messidor, an II.
Sambre et Meuse.	**Namur.** *Jourdan, général en chef.* *Hatry, commandant.* Prise de Namur; retraite forcée de l'ennemi; cinquante-une pièces de canon; quatre cents prisonniers.	28.
Rhin	**Kayserslautern.** *Michaud, général en chef.* Prise de Kayserslautern et d'une quantité considérable de munitions. Fuite précipitée de l'ennemi.	29.
Sambre et Meuse.	**Landrecies.** *Schérer, commandant.* Reddition de Landrecies après six jours de tranchée. La garnison, forte de quinze cents hommes, prisonnière; prise de quatre-vingt-douze canons.	29.
Nord.	**Nieuport.** *Moreau, commandant.* Prise de Nieuport après cinq jours de tranchée. Soixante pièces de canon; deux mille ennemis prisonniers.	30.
	Hauteurs de Tirlemont.	**Thermid.**
Sambre et Meuse.	*Jourdan, général en chef.* Défaite de l'ennemi sur les hauteurs en arrière de Tirlemont. Grand nombre d'ennemis tués; soixante prisonniers.	1.

Armées.		Thermid. an II.
Sambre et Meuse.	**Hui et Saint-Tron.** *Boyer, Hatry,* } *commandans.* Déroute de l'ennemi, à Hui. Prise de Saint-Tron.	3.
Pyrénées occidentales.	**Vallée de Bastan, Fort Maya, Montagne de Commissari, Fontarabie.** *Moncey, Laborde, Frégeville,* } *commandans.* Entrée des Républicains dans la vallée de Bastan. Enlèvement, à la baïonnette, des retranchemens ennemis; prise de tous leurs camps, de neuf canons, deux obusiers, dix-huit mille fusils. Bombardement de Fontarabie; grand nombre d'ennemis tués; cinq cents prisonniers.	6, 7, 8, 9 et 10.
Italie.	**Roccavion**, village du Piémont vers la rive gauche de Gesso, à deux lieues sud-ouest de Coni. *Lebrun, commandant.* Prise, de vive-force, par les Français, du village de Roccavion. Trente-six prisonniers, et vingt tués ou blessés.	8.
Sambre et Meuse.	**Liége.** *Jourdan, Hatry,* } *commandans.* Défaite de tous les avant-postes des ennemis devant Liége; entrée des Français dans cette ville; prise d'un canon; trois cents ennemis prisonniers.	9.

ARMÉES.	ISLE DE CASSANDRIA.	THERMID. an II.
NORD.	*MOREAU, commandant.* Prise de Cassandria et de soixante-dix canons. Passage du Cacysche; retraite de l'ennemi sur Ysendick.	10.
PYRÉNÉES OCCIDENTALES.	IRUN, FORT DU FIGUIER, FONTARABIE, REDOUTE SAINT-MARTIAL. *MONCEY, FRÉGEVILLE, LABORDE,* } *commandans.* Conquête de la vallée de Bastan. Enlèvement de toutes les redoutes; prise du fort du Figuier, de Fontarabie, de toutes les tentes et munitions; deux cents bouches à feu, sept mille fusils; deux mille prisonniers.	10, 13 et 14.
Idem.	ERNANI, SAINT-SÉBASTIEN, et le PORT-DU-PASSAGE. *MONCEY, commandant.* *FREGEVILLE, LABORDE,* } *généraux de division.* Enlèvement du poste important d'Ernani, et prise de Saint-Sébastien, de sa citadelle, du Port-du-Passage, de 2000 hommes de troupes de ligne espagnoles faits prisonniers, de 200 bouches à feu, d'immenses magasins de munitions de guerre et de bouche, et de 30 navires, dont plusieurs chargés de marchandises. Déroute de l'armée ennemie, poursuivie par les Français jusques sous les murs de Tolosa.	16.

Armées.		Thermid. an II.
Moselle.	**Pelingen.** *Renaud, Dufour,* } *commandans.* Enlèvement, à la baïonnette, des retranchemens et hauteurs de Pelingen. Quatre cents ennemis tant tués que prisonniers.	21.
Idem.	**Pont de Vasserbilich.** *Desbureaux, Ambert,* } *commandans.* Enlèvement, de vive force, du pont de Vasserbilich. Prise d'un canon; trois cents ennemis tués ou blessés; quatre-vingts prisonniers.	21.
Idem.	**Trêves.** *Moreaux, général en chef.* Entrée des Français dans Trêves; prise de trente-six canons et de vingt-quatre mille cartouches.	22.
Pyrénées occidentales.	**Tolosa.** *Fregeville, commandant.* Prise de Tolosa, à la suite d'un combat; deux cent cinquante ennemis tués, cent cinquante prisonniers.	22.
Idem.	**Saint-Engrace, Alloqui.** *Marbot, Robert,* } *commandans.* Enlèvement de plusieurs postes espagnols, et de la redoute d'Alloqui; destruction des retranchemens, et prise des effets de campement; quatre-vingts ennemis tués; quatorze prisonniers.	26.

Armées.		Thermid. an II.
Pyrénées orientales.	**Saint-Laurent de la Mouga.** *Dugommier, général en chef.* Victoire près Saint-Laurent de la Mouga; cinquante mille Espagnols mis en fuite; deux mille cinq cents tués.	26.
Idem.	**Rocaseins.** *Sauret,* *Micas,* } *commandans.* *Destaing,* Défaite, à Rocaseins, de quinze mille Espagnols, par quatre mille républicains; grand nombre d'ennemis tués; prise d'un canon.	26.
Sambre et Meuse.	**Le Quesnoy.** *Scherer, commandant.* Reprise du Quesnoy, rendu à discrétion après vingt jours de tranchée; cent vingt bouches à feu; munitions de toute espèce: deux mille huit cents prisonniers.	28.
Nord.	**Fort l'Ecluse.** *Moreau, commandant.* Prise du fort l'Écluse, de cent cinquante-deux bouches à feu, cent milliers de poudre et huit cents fusils. La garnison, composée de deux mille hommes, prisonnière.	Fructidor. 9.
Sambre et Meuse.	**Village d'Anzain, et redoutes près Valenciennes.** *Osten, commandant.* Enlèvement, à la baïonnette, du village d'Anzain, et des postes et redoutes tenant à Valenciennes.	10.

ARMÉES.		FRUCTID. an II.
SAMBRE et MEUSE.	**VALENCIENNES.** *SCHERER, commandant.* Reprise de Valenciennes; la garnison, de quatre mille cinq cents hommes, prisonnière sur parole. Prise de deux cent vingt-sept canons; de huit cents milliers de poudre, et de magasins de toute espèce.	10.
PYRÉNÉES OCCIDENTALES.	**EIBON.** *COSSAUNE, commandant.* Défaite de sept mille Espagnols à Eibon; prise de deux drapeaux.	11.
Idem.	**ERMILLA.** *GRAVIER, commandant.* Déroute des Espagnols, poursuivis au pas de charge; prise de deux canons; grand nombre de tués.	11.
Idem.	**ONDOROA.** *SÉHILT, commandant.* Déroute de quatre mille ennemis; prise de leurs retranchemens et de onze pièces de canon. Entrée des Français dans Ondoroa.	11.
SAMBRE et MEUSE.	**CONDÉ.** *SCHERER, commandant.* Reprise de Condé; seize cents hommes de garnison prisonniers sur parole. Six mille fusils, trois cents milliers de poudre, cent mille boulets, six cents milliers de plomb, munitions pour six mois; prise de cent quatre-vingt-huit bâtimens de commerce.	13.

ARMÉES.		FRUCTID. an II.
MOSELLE.	**SANDWEILLER.** *VINCENT, DUSIRAT,* } *commandans.* Combat très-vif, près Sandweiller; l'ennemi débusqué de ses positions; perte considérable des Autrichiens.	16.
PYRÉNÉES OCCIDENTALES.	**VALLÉE D'ASPE.** *ROBERT, commandant.* Défaite, dans la vallée d'Aspe, de six mille Espagnols par six cents Français; grand nombre d'ennemis tués.	18.
Idem.	**LESCUN.** *MARBOT, GARRIN,* } *commandans.* Déroute des Espagnols, mis en fuite par les avant-postes de Lescun. Cent ennemis tués, trois cents blessés, soixante-quatre prisonniers.	18.
MOSELLE.	**HAUTEURS DE COURTEREN.** *DUSIRAT, commandant.* Combat en avant de Courteren; perte considérable des Autrichiens; cent vingt-un prisonniers faits sur eux.	26.
ALPES.	**VALLÉES DE CHATEAU-DAUPHIN, DE MAIRE, DE STURE, CAMPS DE LA CHENAL, SAMBUCK et PRATZ.** *PETIT GUILLAUME, commandant.* Enlèvement, à la baïonnette, des camps de la Chenal, Sambuck, Pratz, et de divers autres postes. Prise de deux canons, six cents fusils, et beaucoup de munitions. Plus de deux cents ennemis tués, deux cent quatre-vingt-dix prisonniers.	28.

Armées.		Fructid. an II.
Nord.	**Boxtel.** *Pichegru, général en chef.* Déroute totale de l'ennemi à Boxtel; cinq mille Anglais battus par huit cents Français; deux bataillons ennemis désarmés par trente hussards. Prise de huit canons; deux mille prisonniers.	30.
		Jours complém.
Pyrénées orientales.	**Bellegarde.** *Dugommier, général en chef.* Reprise de Bellegarde, dernière place française occupée par l'ennemi. La ville rendue à discrétion, après quatre mois et demi d'investissement. Prise de soixante-dix canons et de quarante milliers de poudre. Mille hommes de garnison prisonniers.	1.
Sambre et Meuse.	**Maseick, Lauwfeld, Émale, Montenacken, l'Ourt et l'Aywale, Sprimont, Camp de la Chartreuse.** *Jourdan, général en chef.* *Schérer, Kléber,* } *généraux de division, commandans.* Victoire remportée par toute la ligne de l'armée, depuis Maseick jusqu'à Sprimont; prise de Lauwfeld, d'Émale, et de Montenacken; passage de l'Ourt et de Laywale; levée du camp de la Chartreuse par l'ennemi; deux mille huit cents des siens tués; mille cinq cents prisonniers; prise de trente-quatre canons, cinq drapeaux, soixante-dix-neuf caissons.	2.

ARMÉES.		JOURS COMPLÉM. an II.
SAMBRE et MEUSE.	**HAUTEURS DE CLERMONT.** *CHAMPIONNET, LEGRAND,* } *commandans.* Enlèvement, de vive force, des hauteurs de Clermont, après sept attaques successives. Hûit cents ennemis tués ou blessés.	4.
ITALIE.	**CAIRO, entre FINALE et ACQUI.** *DUMERBION, général en chef.* Victoire du Cairo, remportée sur les Piémontais, soutenus par dix mille Autrichiens. Prise de magasins considérables. Mille ennemis tués ou blessés.	4—5.
PYRÉNÉES ORIENTALES.	**MONT-ROCH, à trois lieues de Bellegarde.** *AUGEREAU, commandant.* Déroute des Espagnols au Mont-Roch; prise de quatre canons. Douze cents ennemis tués ou blessés.	5.
		VENDÉM. an III.
SAMBRE et MEUSE.	**BOIS D'AIX-LA-CHAPELLE ET DE RECKEM.** *JOURDAN, général en chef.* Enlèvement, de vive force, des postes du bois d'Aix et de Reckem. Mille ennemis tués.	2.
PYRÉNÉES ORIENTALES.	**COSTOUGE.** *DUGOMMIER, général en chef.* Enlèvement de la redoute et du camp de Costouge, ainsi que de tous les effets de campement; retraite précipitée et perte considérable de l'ennemi.	Du 1 au 2.

ARMÉES.		VENDÉM. AN III.
PYRÉNÉES ORIENTALES.	**OLIA et MONTEILLA.** *CHARLET, commandant.* Défaite des Espagnols à Olia et à Monteilla. Soixante ennemis tués.	5.
NORD.	**CREVECŒUR.** *DELMAS, commandant.* Capitulation de Crevecœur. Prise de vingt-neuf bouches à feu, mille fusils, trente milliers de poudre; cinq cents prisonniers.	6.
RHIN.	**KAISERSLAUTERN, ALSBORN.** *MICHAUD, général en chef.* Reprise de Kayserslautern, d'Alsborn et autres postes environnans. Les Prussiens sont forcés à la retraite.	6.
SAMBRE et MEUSE.	**ALDENHOVEN.** *JOURDAN, général en chef.* Bataille d'Aldenhoven; déroute complète des coalisés. Cinq mille ennemis tant tués que blessés.	11.
Idem.	**JULIERS.** *JOURDAN, général en chef.* Reddition de Juliers, à discrétion. Huit cents prisonniers, soixante pièces de canon et un arsenal bien pourvu.	12.

Armées.		Vendém. an III.
Sambre et Meuse.	**Cologne.** *Jourdan, général en chef.* Reddition de Cologne. Prise d'une grande quantité d'artillérie, et d'immenses magasins; fuite précipitée des Autrichiens.	15.
Rhin.	**Frankenthal.** *Desaix, commandant.* Combat de Frankenthal; prise de cette ville; quatre cents ennemis tués; soixante prisonniers.	17.
Idem.	**Shelaudenbach.** *Michaud, général en chef.* Prise de Schelaudenbach et de Volfstein, après un léger combat; et réunion des armées du Rhin et de la Moselle à Lautreck.	18—19.
Sambre et Meuse.	**Plateau du Mont-Saint-Pierre.** *Duhesme, commandant l'armée chargée de l'investissement de Maestricht.* Reprise, de vive force, de deux canons, par le 3e. régiment de chasseurs à cheval, et reprise du château de Mont-Saint-Pierre. Quatre-vingts ennemis tués ou faits prisonniers.	19.
Moselle.	**Birkenfeldt, Oberstein, Kirn, Trarbach, Meisenheim.** *Moreaux, général en chef.* Marche des Français sur Birkenfeldt, Oberstein, Kirn, Trarbach et Meisenheim, où les retranchemens des ennemis sont forcés. Évacuation de tous ces postes par les coalisés.	20.

Armées.		Vendém. an III.
Nord.	**Bois-le-Duc.** *Delmas, commandant.* Entrée des troupes républicaines dans Bois-le-Duc ; prise de cent quarante-six bouches à feu, cent trente milliers de poudre, neuf mille fusils, six cent cinquante-huit prisonniers.	21.
Rhin.	**Otterberg, Rockenhausen, Landsberg, Alzein et Oberhausen.** *Michaud, général en chef.* Prise d'Otterberg, Rockenhausen, Landsberg, Alzein et Oberhausen, après la retraite forcée de l'ennemi.	23.
Idem.	**Gellheim, Grunstadt, Frankenthal.** *Michaud, général en chef.* Combat et prise de Gellheim et de Grunstadt ; et reprise de Frankenthal.	24.
Pyrénées occidentales.	**Entre l'Ecumbery et Villa Nova.** *Moncey, général en chef.* Bataille gagnée sur les Espagnols ; prise de la belle mâture d'Iraty, des superbes fonderies d'Eguy et d'Orbaycette, évaluées trente-deux millions. Prise de cinquante canons, deux drapeaux, et de plusieurs magasins. Deux mille cinq cents ennemis tués ; deux mille cinq cents prisonniers.	26.
Moselle.	**Creutznach.** *Moreaux, général en chef.* Combat et prise de Creutznach par les Français.	26.

Armées.		Vendém. an III.
Pyrénées occidentales.	**Burguet, Almandos.** *Delabade, commandant.* Défaite de sept mille Espagnols, près de Burguet et d'Almandos. La majeure partie tuée, le reste prisonnier.	27.
Rhin.	**Kircheim, Worms.** *Michaud, général en chef.* Déroute de l'ennemi près de Kircheim et Worms; prise de ces deux villes.	27.
Nord.	**Environs de Nimègue.** *Souham, commandant.* Défaite de l'ennemi aux environs de Nimègue; destruction de la légion de Rohan; prise d'un drapeau, de quatre canons, six cents prisonniers.	28.
Moselle.	**Bingen.** *Moreaux, général en chef.* Entrée des Français dans Bingen, après avoir chassé les Prussiens des positions importantes qu'ils avaient en avant de la ville.	29.
		Brumaire.
Rhin.	**Alzey, entre Creutznach et Worms, Oppenheim, sur le Rhin.** *Desaix, général de division, commandant.* Prise d'Alzey et d'Oppenheim; déroute des ennemis.	1.

Armées.		Brumaire, an III.
Sambre et Meuse.	**Coblentz.** *Marceau, commandant.* Prise de Coblentz; attaque et enlèvement des retranchemens; fuite de l'ennemi au-delà du Rhin; grand nombre de tués et de prisonniers.	2.
Pyrénées orientales.	**Bhaga.** *Devaux, commandant.* Combat dans lequel les Espagnols sont repoussés, avec perte considérable, jusqu'à Bhaga.	2.
Idem.	**Dori, Tozas, Casteillan.** *Charlet, Gilly,* } *commandans.* Enlèvement, de vive force, des postes de Dori et Tozas, et des sept retranchemens de Casteillan; prise et destruction des magasins; grand nombre d'ennemis tués.	2.
Nord.	**Hultz, Axel et Sas de Gand.** *Pichegru, général en chef.* Prise de Hultz, Axel et Sas de Gand. Garnisons ennemies prisonnières de guerre.	5.
Idem.	**Venlo.** *Laurent, commandant.* Prise de Venlo, attaqué par cinq mille Français et quelques pièces de campagne. La garnison de dix-huit cents hommes prisonnière sur parole. Cent cinquante canons, deux cents milliers de poudre, sept mille fusils.	8.

ARMÉES.	REVERS DE LA MONTAGNE NOIRE.	BRUMAIRE, an III.
PYRÉNÉES ORIENTALES.	*AUGEREAU, PAPIN,* } *commandans.* Déroute des Espagnols sur les revers de la Montagne Noire. Grand nombre d'ennemis tués ; le reste poursuivi, à la baïonnette, jusque dans ses retranchemens.	11.
MOSELLE.	RHEINFELS. *MOREAUX, général en chef.* *VINCENT, commandant.* Entrée des Français dans Rheinfels, évacué par douze cents ennemis. Prise de trente-neuf bouches à feu, et de quantité de fusils et munitions.	12.
SAMBRE et MEUSE.	MAESTRICHT. *KLÉBER, commandant.* Prise de Maestricht après onze jours de tranchée ouverte. Garnison de dix mille hommes, prisonnière sur parole. Prise de trois cent cinquante-une bouches à feu, de vingt mille fusils et de quatre cents milliers de poudre.	14.
NORD.	FORT DE SCHENK, au confluent du Wal et du Rhin. *VANDAMME, commandant.* Prise du fort de Schenk ; les Français s'en emparent, en passant, dix par dix, sur des barques.	16.

Armées.		Brumaire an III.
Nord.	**Berg-op-zoom.** *Watelette, chef de bataillon, commandant.* Sortie de la garnison de Berg-op-zoom, chargée, à la baïonnette, par les Français, et forcée d'y rentrer, avec perte de cent hommes tués, et de quatre-vingts faits prisonniers.	17.
Idem.	**Nimègue.** *Souham, commandant.* Entrée triomphante des Français dans Nimègue. Douze cents Hollandais prisonniers de guerre ; prise de cent bouches à feu.	18.
Idem.	**Burick.** *Moreau, Vandamme,* } *commandans.* Prise de Burick ; ses retranchemens forcés. Cent ennemis tués, cinquante prisonniers.	19.
Rhin.	**Monbach.** *Michaud, général en chef.* Prise de Monbach et de tous les postes de la forêt en avant de ce village, dont l'ennemi est chassé.	22.
Idem.	**Weissenau.** *Desaix, général de division, commandant.* Prise de Weissenau après plusieurs attaques ; perte considérable du côté de l'ennemi. Quatre-vingts prisonniers.	22.

Armées.	Saint-Sébastien de la Mouga, Montagnes et Chapelle de la Madelaine et de Carbouilhe.	Brumaire, an III.
Pyrénées orientales.	*Dugommier, général en chef, tué d'un coup d'obus pendant l'action.* *Pérignon, général.* Bataille gagnée sur les Espagnols. Enlèvement de plusieurs camps et de huit redoutes ; prise de deux drapeaux, et de tentes pour dix mille hommes. Trente bouches à feu, quinze cents fusils, douze cents prisonniers.	27.
	Escola, Liers, Vilartoly.	
Idem.	*Pérignon, général.* Bataille gagnée à Escola, Liers et Vilartoly, sur cinquante mille Espagnols mis en déroute. Enlèvement de plusieurs camps et de quatre-vingts redoutes. Deux cents bouches à feu. Neuf mille ennemis tués.	30.
	Blascheidt, Lorentsweiller.	
Moselle.	*Debrun, commandant.* Défaite de douze cents hommes d'infanterie et de trois cents hommes de cavalerie, auprès de Blascheidt et de Lorentsweiller. Beaucoup d'ennemis tués et blessés ; dix prisonniers.	30.

Armées.		Frimaire, an III.
Moselle.	**Forêt de Grunnevald, près Luxembourg.** *Debrun,* *Huet,* *Peduchelle,* } *commandans.* Défaite de plus de quatre mille ennemis, après un combat de sept heures. Prise de trois pièces de canon et de quatre caissons. Trente ennemis faits prisonniers.	1.
Pyrénées occidentales.	**Gorges d'Ostés.** *Marbot, commandant.* Victoire remportée à Ostés, après un combat de deux jours. Déroute complète de l'armée espagnole. Mille ennemis tués ou blessés, grand nombre faits prisonniers.	4--5.
Pyrénées orientales.	**Figuières.** *Pérignon, général.* Prise de la forteresse de Figuières, de cent soixante-onze bouches à feu, deux cent milliers de poudre. La garnison de neuf mille cinq cents hommes, prisonnière.	7.
Pyrénées occidentales.	**Begara, Ascuatia, Aspetia.** *Laroche,* *Schille,* *Fregeville,* } *commandans.* Bataille gagnée sur les Espagnols. Prise de plusieurs fonderies, de quatre drapeaux, d'un canon, cinq mille fusils, de la caisse militaire, trente-trois caissons d'argenterie et quantité de munitions. Trois cents ennemis tués, deux cents prisonniers.	8.

Armées.	Redoute de Merlin, devant Mayence.	Frimaire, an III.
Rhin et Moselle.	*Saint-Cyr, général de division, commandant.* Enlèvement de la redoute, dite de Merlin, devant Mayence. Prise de quatre canons, deux obusiers. Six cents ennemis tués, quatre-vingts prisonniers.	11.
	Redoutes de Salbach, près Mayence.	
Moselle.	*Moreaux, général en chef.* Enlèvement, de vive force, des redoutes de Salbach. Prise de six pièces de canon et d'un obusier. Six cents Autrichiens tués, deux cents prisonniers.	14.
	Bommel et Fort Saint-André.	Nivôse.
Nord.	*Daendels, commandant.* Passage du Waal; les retranchemens ennemis forcés à la baïonnette. Prise de Bommel, du fort Saint-André, et de quatre postes environnans.	7.
	Grave.	
Idem.	*Pichegru, général en chef.* *Salme, commandant.* Reddition de Grave. Dix-huit cents prisonniers, non compris la garnison. Cent bouches à feu; six cents chevaux.	

Armées.	Fort-la-Trinité ou Bouton de Roses.	Nivôse, an III.
Pyrénées orientales.	*Sauret, commandant.* Prise du Fort-la-Trinité, de neuf bouches à feu et de quantité de munitions. Fuite nocturne de l'ennemi.	17.
Nord.	**Tiel.** *Dewinter, commandant.* Prise de Tiel et de six forts, enlevés sous le feu le plus terrible. Trois cents canons, dix-neuf drapeaux, beaucoup de munitions.	22.
Idem.	**Heusden.** *Pichegru, général en chef.* Prise d'Heusden, de cent soixante-treize pièces de canon et cent cinquante milliers de poudre. Douze cents hommes de garnison prisonniers sur parole.	24.
Idem.	**Utrecht, Amersfort.** *Pichegru, général en chef.* Prise d'Utrecht, d'Amersfort, et des lignes du Greb; quatre-vingts pièces de canon. Passage de la Leck.	28.
Idem.	**Gertruydenberg.** *Pichegru, général en chef.* *Bonneau, général de division, commandant.* Prise de Gertruydenberg, après un bombardement de quatre jours, et enlèvement de tous ses forts. La garnison faite prisonnière sur parole.	29.

Armées.	Amsterdam, Gorcum, Dordrecht.	Pluviôse, an III.
Nord.	*Pichegru, général en chef.* Reddition de Gorcum, Dordrecht et Amsterdam.	2.
Pyrénées orientales.	**Roses.** *Sauret, commandant.* Prise de Roses, après vingt-sept jours de siége. Reddition d'une partie de la garnison; soixante bouches à feu. Cinq cent quarante-un prisonniers.	15.
Nord.	**Hollande.** *Pichegru, général en chef.* Invasion de toutes les [illegible]; reddition de toutes les places [illegible], et des vaisseaux de guerre.	16.

FIN.

SECOND TABLEAU DES CAMPAGNES DES FRANÇAIS.

ARMÉES.		VENTÔSE, an III.
PYRÉNÉES ORIENTALES.	**BEZALU.** *AUGEREAU, général de division, commandant.* Prise de Bezalu; l'ennemi vint y attaquer les Français, mais il fut forcé à la retraite.	11.
		FLORÉAL.
Idem.	**CISTELLA.** *AUGEREAU, général de division, commandant.* Les Espagnols attaquent le camp de Cistella, sont complettement battus et repoussés : cent prisonniers, huit cents tués ou blessés, dont un maréchal de camp.	16.
Idem.	**CRESPIA et BASCARA.** *PERIGNON, général en chef.* Reconnaissance générale faite par les Français sur les hauteurs de Crespia, de Bascara et sur la Fluvia : prise de soixante prisonniers et de trente chevaux.	17.

Armées.		Floréal, an III.
Pyrénées orientales.	**Musquirachu.** *Marbot, général de brigade.* *Schild, adjudant-général.* Attaque du camp de la montagne de Musquirachu ; l'ennemi mis en fuite, abandonne son camp tout tendu et tous les effets de campement. Cent quarante ennemis tués, cinquante faits prisonniers.	20.
		Prairial.
Idem.	**Hauteurs de Pontos.** *Augereau, commandant.* Dix mille hommes d'infanterie et douze cents de cavalerie espagnoles attaquent une reconnaissance faite par les troupes du camp des hauteurs de Pontos ; mais ils sont mis en déroute.	7.
Sambre et Meuse.	**Luxembourg.** *Hatry, général de division, commandant.* Prise de Luxembourg ; l'ennemi y perd douze mille trois cent quatre-vingt-seize prisonniers de guerre, vingt-cinq drapeaux, huit cent dix-neuf bouches à feu, dont quatre cent soixante-sept en bronze ; seize mille deux cent quarante-quatre fusils, trois cent trente-six mille huit cent cinquante-sept boulets, quarante-sept mille huit cent une bombes ; cent quatorze mille sept cent quatre grenades, un million trente-trois mille cent cinquante-trois livres de poudre.	24.

ARMÉES.		PRAIRIAL, an III.
	LA FLUVIA. *SCHÉRER, général en chef.*	
PYRÉNÉES ORIENTALES.	Bataille de la Fluvia. Déroute de vingt-huit mille Espagnols qui étaient venus attaquer un grand fourrage fait par les François dans la plaine de Saint-Pere Pescador ; après dix heures de combat, ils repassent la Fluvia en grand désordre ; douze cents ennemis tués ou blessés, beaucoup de prisonniers, trois cents charriots de bled rentrés dans le camp de Rimors.	26.
	COL DE TERME. *SERRURIER, général de division.* *PETIT-GUILLAUME, général de brigade.*	MESSIDOR.
ALPES et ITALIE réunies.	Défaite d'un corps nombreux de Piémontais venus pour s'emparer d'Orméa. Grand nombre d'ennemis tués ou blessés.	8.
	DEVA. *MONCEY, général en chef.* *WILLOT, général de brigade.*	
PYRÉNÉES OCCIDENTALES.	Prise du camp retranché de Deva. Plusieurs ennemis tués, prise de deux cents prisonniers, un drapeau et deux pièces de canon.	10.
	LECUMBERY. *MONCEY, général en chef.*	
Idem.	Enlèvement de toutes les positions ennemies jusqu'à Lecumbery. Sa retraite sur Yrursum.	13, 14 et 15.

Armées.		Messidor, an III.
	Yrursum. *Willot, général de brigade, commandant.*	
Pyrénées occidentales.	Combat d'Yrursum, où l'infanterie française charge et défait la cavalerie espagnole; cinq cents ennemis tués, deux cents prisonniers.	18.
	Deybar. *Dessein, géneral de division, commandant.*	
Idem.	Prise du camp retranché de Deybar, et de onze pièces de canon.	24.
	Durango. *Dessein, général de division, commandant.*	
Idem.	Prise de Durango, de plusieurs magasins considérables et de onze pièces de canon.	25.
	Victoria, Bilbao. *Moncey, général en chef.* *Dessein, général de division.* *Willot, général de brigade.*	
Idem.	L'ennemi forcé dans toutes ses positions, abandonne la Biscaye et se retire derrière l'Ebre; prise des salines, de Victoria et de Bilbao : grand nombre d'ennemis tués et blessés. La nouvelle de la paix avec l'Espagne arrive à l'armée le 12 thermidor.	26, 27 et 29.
	Champ di Pietri. *Laharpe, général de division, commandant.*	Thermid.
Alpes et Italie.	Enlèvement des redoutes de champ di Pietri, défendu par un corps nombreux d'Autrichiens; plusieurs ennemis tués et blessés.	11.

ARMÉES.		FRUCTID. an III.
ALPES et ITALIE.	**SAINT-BERNOUILL.** Victoire remportée sur un corps considérable de Piémontais; grand nombre d'ennemis tués, blessés et prisonniers.	8.
Idem.	**MONT-GENÈVRE.** *MOULIN, général de brigade.* Déroute de quatre mille Piémontais, venus pour attaquer le mont Genèvre, cinquante ennemis tués, deux cents prisonniers.	14.
Idem.	**CERISE.** *SERRURIER, général de division, commandant.* Défaite de quinze cents Piémontais, venus pour attaquer le poste de Cerise; plusieurs ennemis tués et blessés, et six cents prisonniers.	15.
SAMBRE et MEUSE.	**PASSAGE DU RHIN.** *KLEBER, LEFEBVRE, GRENIER, CHAMPIONNET,* } *généraux de division.* Passage du Rhin, par l'aile gauche de ladite armée; l'ennemi chassé de tous ses retranchemens, après une perte considérable, tant en tués, blessés, prisonniers, canons, etc. Prise de Keiserswerth avec son artillerie, et de Dusseldorff, où deux mille ennemis défilent devant sept cents grenadiers républicains, laissant dans la ville deux cents pièces de canon, dix mille fusils, et des munitions de guerre, de toutes espèces.	19 et 20.

ARMÉES.		FRUCTID. an III.
	HENEF.	
	LEFEBVRE, général de division, commandant.	
SAMBRE et MEUSE.	Combat d'Henef et d'Hanelshorn, où l'ennemi fut écharpé et mis en fuite ; prise d'une redoute et de deux canons ; grand nombre de tués, blessés et prisonniers.	27.
	ALTENKIRCHEN.	
	KLEBER, LEFEBVRE, GRENIER, } *généraux de division.*	
Idem.	Combat et prise d'Altenkirchen. L'ennemi complettement battu, se retire sur la Lahn.	30.
		JOURS COMPLÉM.
	LA LAHN.	
	KLEBER, LEFEBVRE, } *généraux de division.*	
Idem.	Combat sur la Lahn ; prise de Limbourg, Dietz et Nasseau ; perte considérable des hussards de Saxe et de la cavalerie des émigrés.	3.
	BORGHETTO.	
	MASSENA, général de division.	
	ST.-HILAIRE, général de brigade.	
ITALIE.	Combat sur la ligne de Borghetto ; défaite de huit mille Autrichiens ; cinq cents ennemis tués, quatre cents prisonniers.	3.
	MANHEIM.	
RHIN et MOSELLE.	Reddition de Manheim par capitulation.	4.

Armées.		Vendém. an IV.
Italie.	**Garesio.** *Miolis, général de brigade, commandant.* Affaire de Garesio ; soixante-neuf ennemis tués, dix-neuf faits prisonniers.	3.
Sambre et Meuse.	**Creutzenach.** *Marceau, général de division.* Combat près Creutzenach, où l'ennemi a été forcé de repasser la Nahe ; quatre cents ennemis tués, cent cinquante prisonniers, dont six officiers et un aide-de-camp du général Clairfait.	Brumaire. 20.
Italie.	**Champ di Pietri.** *Scherer, général en chef.* *Augereau, Charlet,* } *généraux de division.* Combat de Champ di Pietri ; perte considérable de l'ennemi en tués, blessés ; prise de cinq cents prisonniers, trois pièces de canon et quatre cents fusils.	26.
Idem.	**Loano.** *Scherer, général en chef.* *Serrurier, Massena, Augereau,* } *généraux de division* Bataille de Loano ; déroute des Austro-Sardes ; trois mille ennemis tués, cinq mille prisonniers, dont plusieurs officiers-généraux et deux cents officiers de tous grades ; prise de la Pietra, Loano, Finale, Vado et Savonne, avec tous leurs magasins ; prise de cent bouches à feu, cent caissons, cinq drapeaux et une immense quantité de fusils.	Frimaire. 2.

Armées.		Frimaire, an IV.
	Intrapa et Garesio. *Serrurier, général de division, commandant.*	
Italie.	Combat d'Intrapa et de Garesio ; perte considérable de l'ennemi en tués, blessés et prisonniers.	3.
	Stromberg.	
Sambre et Meuse.	L'ennemi chassé de Stromberg et de tous ses postes ; deux cents ennemis tués, cent cinquante prisonniers.	3.
	Spinardo. *Serrurier, général de division.*	
Italie.	Combat de Spinardo et autres lieux ; quatre cents ennemis tués, blessés, six cents prisonniers ; prise de dix-neuf pièces de canon.	6, 7 et 8.
	Creutzenach. *Bernadotte, général de division.*	
Sambre et Meuse.	Attaque et prise de Creutzenach ; deux cents ennemis tués, cinq cents prisonniers.	10.
	Hundsruck. *Marceau, Poncet,* } *généraux de division.*	
Idem.	Combat sur toute la ligne dans le Hundsruck. L'ennemi battu sur tous les points, perd un grand nombre de tués, trois canons, et quatre cents hommes prisonniers de guerre.	26.

ARMÉES. ITALIE.		GERMINAL, an IV.
	CAIRO. Reconnaissance militaire vers Cairo; les postes ennemis sont culbutés.	16.
Idem.	**VOLTRY.** *CERVONI, général de brigade, commandant.* Affaire de Voltry; belle défense d'une brigade républicaine contre dix-neuf mille Autrichiens.	20.
Idem.	**MONTELEZIMO.** *RAMPON, chef de brigade, commandant.* Attaque de la redoute de Montelezimo, défendue par les Français; l'ennemi est repoussé avec perte de quatre cents tués ou blessés.	21.
Idem.	**MONTENOTTE.** *BONAPARTE, général en chef.* *LAHARPE, MASSENA,* généraux de division. Bataille de Montenotte; déroute complette des ennemis avec perte de quatre mille hommes, dont deux mille cinq cents prisonniers, plusieurs drapeaux et bouches à feu.	23.
Idem.	**COSSARIA.** *AUGEREAU, commandant.* Prise de Cossaria; la garnison forte de mille trois cent vingt-sept prisonniers de guerre.	25.

ARMÉES.		GERMINAL, an IV.
	MILLESIMO.	
	BONAPARTE, général en chef.	
ITALIE.	Bataille de Millesimo, gagnée sur les Austro-Sardes; deux mille cinq cents ennemis tués ou blessés, huit mille prisonniers; prise de vingt-neuf canons et quinze drapeaux.	26.
	DEGO.	
	BONAPARTE, général en chef.	
	MASSENA, général de division.	
Idem.	Combat de Dego, déroute de l'ennemi; six cents ennemis tués ou blessés, quatorze cents faits prisonniers.	26.
	VALLÉE DE LA BARMIDA.	
	RUSCA, général de brigade, commandant.	
Idem.	Combat et prise de Saint-Jean, dans la vallée de la Barmida; prise de deux canons et de cent cinquante prisonniers de guerre.	26.
	BATISOLO et BAGNOSCO.	
	SERRURIER, général de division, commandant.	
Idem.	Prise de Batisolo, de Bagnosco et de Pontenocetto, avec soixante prisonniers de guerre.	26.
	MONTEZEMO.	
	SERRURIER, général de division, commandant.	
Idem.	Prise des redoutes de Montezemo.	26.

ARMÉES.		GERMINAL, an IV.
ITALIE.	**CEVA.** *AUGEREAU, général de division.* *JOUBERT, BEYRAUD,* } *généraux de brigade.* Prise du camp retranché et de la ville de Ceva.	27.
		FLORÉAL.
Idem.	**MONDOVI.** *BONAPARTE, général en chef.* Combat et prise de la ville de Mondovi; cinq cents ennemis tués, treize cents faits prisonniers, dont trois officiers généraux et quatre colonels piémontais; prise de onze drapeaux, huit bouches à feu et quinze caissons.	3.
Idem.	**BÊNE.** *SERRURIER, général de division, commandant.* Entrée des Français dans la ville de Bêne.	5.
Idem.	**FOSSANO, CHERASCO et D'ALBA.** *SERRURIER, AUGEREAU, MASSENA,* } *généraux de division.* Prise de Fossano, de Cherasco, d'Alba, et de vingt-huit pièces de canon, avec des magasins considérables.	6.
Idem.	Armistice conclu avec le roi de Sardaigne.	9.
Idem.	**CEVA, CONI.** Entrée des Français dans la citadelle de Ceva et dans Coni.	10.

ARMÉES. ITALIE.		FLORÉAL, AN IV.
	TORTONNE. Entrée des Français dans la ville de Tortonne.	16.
Idem.	**PLAISANCE.** Reconnaissance faite sur la rive du Pô vers Plaisance; prise de cinq bateaux où se trouvent cinq cents autrichiens, beaucoup de riz, et la pharmacie de l'armée.	18.
Idem.	**PASSAGE DU PÔ; COMBAT DE FOMBIO.** *DALLEMAGNE, général de brigade.* *LASNE, chef de brigade.* Passage du Pô par l'avant-garde républicaine, et combat de Fombio; l'ennemi, fort de huit mille hommes d'infanterie, deux mille de cavalerie, de vingt canons, fortement retranché dans le village, est mis en fuite et poursuivi jusqu'à l'Adda, avec perte de cinq cents tués, cent cinquante prisonniers, trois cents chevaux, et beaucoup de bagages.	19.
Idem.	**CASALE.** *LAHARPE, BERTHIER,* } *généraux de division.* Les Autrichiens attaquent, près de Cordogno, la division Laharpe, et sont vigoureusement repoussés par les républicains, qui s'emparent de Casale, leur prennent cinquante hommes prisonniers, et beaucoup de bagages.	20.
Idem.	Conclusion de l'armistice avec le duc de Parme.	20.

ARMÉES.		FLORÉAL, an IV.
ITALIE.	**LODY.** *BONAPARTE, général en chef.* Bataille de Lody; passage du pont, défendu par l'armée entière de Beaulieu; trois mille ennemis tués ou blessés, huit cents prisonniers, et prise de vingt pièces de canon.	21.
Idem.	**PIZZIGHITONE et CRÉMONE.** *BONAPARTE, général en chef.* Prise de Pizzighitone; trois cents hommes de garnison faits prisonniers de guerre; prise de cinq canons de bronze et de plusieurs magasins; entrée des Français dans Crémone.	22.
Idem.	Conclusion de la paix avec le roi de Sardaigne.	26.
Idem.	**MILAN, PAVIE et CÔME.** Les Français occupent Milan, Pavie et Côme, où ils ont trouvé des magasins immenses.	28.
Idem.	Conclusion de l'armistice avec le duc de Modène.	PRAIRIAL. 1.
Idem.	**BAGNASCO.** *LASNE, chef de brigade, commandant.* Huit cents habitans révoltés, attaqués à Bagnasco, sont mis en déroute; cent des leurs tués, le village brûlé.	6.

Armées.		Prairial, an IV.
Italie.	**Pavie.** *Bonaparte, général en chef.* Révolte de Pavie; les portes de la ville sont enfoncées à coups de haches, par les grenadiers républicains; grand nombre de rebelles tués.	7.
Idem.	**Borghetto.** *Bonaparte, général en chef.* *Murat, Gardanne,* } *généraux de brigade.* Défaite de cinq mille Autrichiens, dont deux mille de cavalerie, avec vingt pièces de canon, attaqués et chargés à Borghetto: passage du Mincio par les grenadiers; prise du village de Valleggio; fuite de l'ennemi, quinze cents des siens tués ou blessés; prise de cinq cents chevaux, quatre canons et huit caissons.	11.
Sambre et Meuse.	**Nider-Diebach et Mannebach.** *Division Championnet.* A minuit un quart, les Républicains s'emparent des avant-postes situés en avant de Nider-Diebach, et dans le jour, forcent l'ennemi d'abandonner la gorge de Mannebach; grand nombre d'ennemis tués et blessés, plusieurs prisonniers.	12.
Italie.	**Peschiera.** *Augereau, général de division, commandant.* Prise de la forteresse de Peschiera, avec quatre-vingt pièces de canon et cent prisonniers.	13.

Armées.		Prairial, an IV.
	La Sieg.	
	Kleber, général de division, commandant l'aile droite de l'armée.	
	Lefebvre, Colaud, } *généraux de division.*	
Sambre et Meuse.	Attaque des retranchemens de la Sieg et de la Acher; l'ennemi chassé et battu sur tous les points; deux mille quatre cents ennemi tués ou blessés, dont mille faits prisonniers.	13.
	Véronne.	
	Bonaparte, général en chef.	
Italie.	Entrée des Français dans Véronne.	15.
	Altenkirchen.	
	Kleber, général de division, commandant l'aile droite.	
	Lefebvre, général de division.	
Sambre et Meuse.	Bataille d'Altenkirchen; l'ennemi mis en déroute; grand nombre de tués, trois mille prisonniers; prise de quatre drapeaux, douze pièces de canon, quantité de caissons et d'équipages, des magasins de vivres, etc. etc.	16.
	Faubourg de Mantoue.	
	Bonaparte, général en chef.	
	Dallemagne, Lasne, } *généraux de brigade.*	
Italie.	Enlèvement à la baïonnette du faubourg Saint-Georges et de la tête du pont de Mantoue, par six cents grenadiers.	16.

Armées.		Prairial, an IV.
	Faubourg de Mantoue. *Augereau, général de division, commandant.*	
Italie.	Prise du faubourg de Chériale, de ses retranchemens et de la tour; l'ennemi forcé à se retirer dans la place.	16.
Idem.	Conclusion de l'armistice avec le roi de Naples.	17.
	Fort de Fuentes.	
Idem.	Une colonne française, dirigée sur le lac de Como, enlève et détruit le fort de Fuentes.	17.
	Dierdoff, Montabaur et Bendorff. *Ney, adjudant-général, commandant.*	
Sambre et Meuse.	Prise de Dierdoff et de Montabaur; quarante-six hommes faits prisonniers; prise de deux cents quintaux de farine, mille sacs d'avoine, cent cinquante mille rations de pain, et dix mille deux cents bottes de foin.	17.
	Weilbourg. *Soult, gén. de brigade, commandant.*	
Idem.	Prise de Weilbourg et de plusieurs magasins considérables en fourrage et avoine.	18.
	Kayserslautern, Tripstadt, Neustadt et Spire. *Moreau, général en chef.*	
Rhin et Moselle.	L'ennemi évacue Kayserslautern, Tripstadt, Neustadt et Spire; on lui fait deux cents prisonniers.	20.

ARMÉES.		PRAIRIAL, an IV.
SAMBRE et MEUSE.	**NASSAU.** *BERNADOTTE, général de division, commandant.* Six compagnies de grenadiers s'emparent de Nassau ; la légion de Rohan a perdu soixante-dix hommes tués, soixante-deux blessés, et douze prisonniers.	26.
RHIN et MOSELLE.	**MUTTERSTATT.** *MOREAU, général en chef.* Les retranchemens des Autrichiens forcés entre Franckenthal et le Rehut ; sept cents ennemis tués ou blessés, deux cents prisonniers.	26.
SAMBRE et MEUSE.	**WETZLAR.** *LEFEBVRE, général de division.* *RICHEPAUSE, général de brigade.* Combat près de Wetzlar ; les ennemis forcés de repasser la Dillè ; grand nombre d'ennemis tués, dont une division de cuirassiers presque en totalité.	27.
		MESSIDOR.
ITALIE.	**REGGIO, BOLOGNE et FORT URBAIN.** *BONAPARTE, général en chef.* *AUGEREAU, VAUBOIS,* } *généraux de division.* Entrée des Français dans Reggio et Bologne, où ils font prisonniers quatre cents soldats du pape, avec le cardinal légat ; prise de quatre drapeaux et cinquante canons ; reddition du fort Urbain et de trois cents hommes de garnison ; prise de cinquante canons, cinq mille fusils, cinq mille livres de poudre, et des magasins ; occupation de Ferrare et de son château, avec cent quatorze canons ; le cardinal légat fait prisonnier.	1.

ARMÉES.	*MASSENA, général de division, commandant.*	MESSIDOR, an IV.
ITALIE.	Les Français attaquent les avant-postes de Beaulieu, les mettent en déroute; quarante ennemis tués, cinquante prisonniers.	3.
Idem.	Conclusion de l'armistice avec le pape.	5.
RHIN et MOSELLE.	KEHL. *MOREAU, général en chef.* Passage du Rhin, près Strasbourg; prise du fort de Kehl; perte considérable de l'ennemi, huit cents des siens faits prisonniers; enlèvement de seize canons et de deux mille fusils.	6.
Idem.	WILSTETT. *MOREAU, général en chef.* *DESAIX, général de division.* Prise de Wilstett; cent cinquante cuirassiers faits prisonniers; prise de soixante chevaux et une pièce de canon.	7.
Idem.	OFFEMBOURG. *DESAIX, général de division, commandant.* Prise d'Offembourg; deux cents ennemis tués, deux cents prisonniers; prise de deux pièces de canon.	8.
Idem.	APPENWHIR. *DECAEN, adjudant-général, commandant.* L'ennemi repoussé d'Appenwhir, avec perte considérable en tués et blessés; cent cinquante prisonniers et cent chevaux.	9.

Armées.		Messidor, an IV.
Rhin et Moselle.	**Urtaffen.** *Sainte-Susanne, général de brigade, commandant.* L'ennemi repoussé d'Urtaffen ; cent hommes faits prisonniers.	9.
Italie.	**Livourne.** *Vaubois, général de division.* Entrée des Français dans Livourne ; prise de dix millions de marchandises appartenantes aux Anglais.	9.
Rhin et Moselle.	**Renchen.** *Moreau, général en chef.* *Desaix, général de division.* *Sainte-Susanne, général de brigade.* Bataille de Renchen ; perte énorme de l'ennemi en tués et blessés, douze cents prisonniers ; prise de neuf pièces de canon et de six cents chevaux.	10.
Italie.	**Milan.** *Despinois, général de division.* Capitulation du château de Milan ; la garnison de deux mille huit cents hommes se rend prisonnière de guerre ; prise de cent cinquante bouches à feu, deux cents milliers de poudre, cinq mille fusils.	11.
Rhin et Moselle.	**Montagne de Knubis.** Attaque de la montagne de Knubis ; prise d'une redoute à sa sommité, de quatre cents prisonniers, deux drapeaux et deux canons.	14.

Armées.		Messidor, an IV.
Sambre et Meuse.	**Neuwied.** *Jourdan, général en chef.* *Championnet, Bernadotte,* } *généraux de division.* Passage du Rhin près Neuwied ; prise de plusieurs redoutes armées ; grand nombre d'ennemis tués et blessés, sept cent quatre-vingt prisonniers, dont vingt cavaliers montés ; prise de trente voitures d'équipages ; le général autrichien et les deux princes de Rohan, émigrés, n'ont que le tems de se sauver, et perdent leurs équipages.	14.
Idem.	**Willerdorff.** *Lefevre, général de division, commandant.* Combat près Willerdorff ; grand nombre d'ennemis tués, sept cents faits prisonniers.	16.
Rhin et Moselle.	**Oss, Baden et Freudenstatt.** *Desaix, Saint-Cyr,* } *généraux de divis. commandans.* Combat de Oss ; attaque et prise de Baden et Freudenstatt ; perte considérable de l'ennemi en tués et blessés, trois cents prisonniers.	16.
Idem.	**Rastadt.** *Moreau, général en chef.* *Desaix, Saint-Cyr,* } *généraux de division.* Bataille de Rastadt ; perte énorme de l'ennemi sur le champ de bataille ; il est chassé de Kupenheim, et contraint de repasser la Murg ; six cents autrichiens faits prisonniers ; prise de trois pièces de canon.	17.

ARMÉES.		MESSIDOR, an IV.
ITALIE.	**BELONE.** *MASSENA, général de division.* *JOUBERT, général de brigade.* Enlèvement à la baïonnette des retranchemens autrichiens, entre la tête du lac de Garda et l'Adige, et de la position de Belone ; quatre cents ennemis tués, deux cent soixante-dix faits prisonniers ; prise de quatre cents tentes.	17.
Idem.	**LUGO.** *POURAILLER, chef de brigade, commandant.* Plusieurs milliers de paysans révoltés sont attaqués au village de Lugo par un bataillon, et mis en déroute ; grand nombre de révoltés tués.	18.
SAMBRE et MEUSE.	**LIMBOURG et RUNKEL.** *BERNADOTTE, CHAMPIONNET,* } *généraux de division.* Combat devant Limbourg ; l'ennemi poursuivi jusques dans la ville ; attaque et prise de Runkel ; grand nombre d'ennemis tués, quatre-vingt prisonniers.	19.
Idem.	**LA LAHN.** *JOURDAN, général en chef.* Passage de la Lahn ; marche de l'armée sur Francfort et Mayence.	21.
RHIN et MOSELLE.	**RASTATT, GUERSBACH et DOURLACH.** *DESAIX, ST-CYR,* } *génér. de division, commandans.* Combat en avant de Rastatt et dans la gorge en avant de Guersbach ; l'ennemi forcé de se retirer derrière Dourlach ; grand nombre d'ennemis tués et blessés, treize cents prisonniers, un canon.	21.

Armées.		Messidor, an IV.
Sambre et Meuse.	**Butzbach, Obermel, Camberg et Friedberg.** *Kleber, Lefebvre, Collaud,* } *généraux de division.* Combat en avant de Butzbach, d'Obermel et de Camberg ; prise de Friedberg ; l'ennemi mis en fuite, avec perte de quinze cents hommes tués ou blessés, cinq cents prisonniers, trois canons, un drapeau, et trois mille quintaux de farine.	21 et 22.
Rhin et Moselle.	**Ettlingen, Durlach et Carlsruh.** *Moreau, général en chef.* L'ennemi chassé d'Ettlingen, Durlach et Carlsruh ; seize cents ennemis tués et autant de prisonniers.	22.
Idem.	**Haslach et Haussen.** *Jordy, général de brigade, commandant.* Prise à la baïonnette des postes d'Haslach et de Haussen, après la plus vive résistance ; grand nombre d'ennemis tués, deux cents prisonniers et deux pièces de canon.	26.
Italie.	**Mantoue.** *Fiorella, Dallemagne,* } *généraux de division.* Quatre mille cinq cents autrichiens de la garnison de Mantoue font une sortie, et sont repoussés jusqu'aux palissades, avec six cents hommes des leurs tués ou blessés.	28.

Armées.		Messidor, an IV.
	Francfort. *Kleber, général de division.*	
Sambre et Meuse.	Prise de Francfort et de cent soixante-onze canons de bronze, cinq mille fusils, quinze mille cartouches à fusil, dix-neuf cents livres de poudre.	28.
	Alpersbach. *Vandamme, général de brigade, commandant.*	
Idem.	Attaque et prise du poste d'Alpersbach; l'ennemi taillé en pièces, deux cents prisonniers.	29.
	Rheinfelden. *Laval, chef de brigade.*	
Idem.	Attaque et déroute de tous les postes ennemis, entre le Necker et la Kinche; grand nombre d'ennemis tués ou blessés, trois cents prisonniers, six caissons, quarante chevaux. Prise de Rheinfelden, Seckingen et de tout le Frickthal; on s'empare de beaucoup de vivres et de quelques canons.	29.
	Ernouf, général de division.	
Idem.	Reconnaissance militaire faite par les Français sur la route d'Aschaffenbourg; prise de quatre cent cinquante sacs de farine et deux mille sacs d'avoine, et du détachement qui gardait ce dépôt.	29.
	Mantoue. *Bonaparte, général en chef.* *Serrurier, général de division.*	
Italie.	Attaque du camp retranché des Autrichiens sous Mantoue; ils sont repoussés	30.

Armées.		Messidor, an IV.
Italie.	jusques sous les murs de la place ; pendant ce tems, les Français mettent le feu en cinq endroits dans la ville, et ouvrent la tranchée, à cinquante toises des ouvrages avancés.	30.
Rhin et Moselle.	**Stuttgard.** *Moreau, général en chef.* *Saint-Cyr, général de brigade.* Entrée des Français dans Stuttgard ; combat opiniâtre à Echingen ; les Français maîtres de toute la rive gauche du Necker ; huit cents ennemis tant tués que blessés, trois cents prisonniers.	30.
		Thermid.
Sambre et Meuse.	**Schwinfurt.** *Colaud, général de division, commandant.* Prise de Schwinfurt.	4.
Idem.	**Wurtzbourg.** *Klein, général de brigade.* Capitulation de la ville et citadelle de Wurtzbourg ; deux mille hommes d'infanterie et trois cents de cavalerie faits prisonniers de guerre ; prise de trois cent huit bouches à feu, soixante-douze milliers de poudre, deux cent vingt-quatre mille cinq cent vingt-trois cartouches à fusil.	6.
Idem.	**Fort de Kœnigstein.** *Marceau, général de division.* Capitulation du fort de Kœnigstein ; six cents hommes faits prisonniers ; prise de cent soixante-onze canons, des munitions de guerre, et des vivres pour six mois de siége.	8.

Armées.		Thermid. an IV.
	Mayence. *Marceau, général de division, commandant.*	
Sambre et Meuse.	Sortie de la garnison de Mayence ; l'ennemi vigoureusement repoussé avec perte de beaucoup d'hommes tués et de cinquante prisonniers de guerre.	11.
	Salo. *Soret, général de brigade.*	
Italie.	Défaite des Autrichiens à Salo ; prise de deux canons et deux drapeaux, et de deux cents prisonniers : le général Guieux qui y était cerné depuis quarante-huit heures sans pain, après avoir fait la plus belle défense, est délivré.	13.
	Lonado. *Dallemagne, général de brigade, commandant.*	
Idem.	L'ennemi battu à Lonado, perd six cents hommes tués ou blessés, et six cents prisonniers.	13.
	Brescia. *Augereau, général de division, commandant.*	
Idem.	Reprise de Brescia et de tous les magasins et malades français qu'on y avait laissés.	14.
	Kœnigshoffen. *Lefebvre, général de division, commandant.*	
Sambre et Meuse.	Prise de Kœnigshoffen et de soixante-neuf pièces de canon, deux mille quatre cents fusils, et trente-six milliers de poudre.	15.

ARMÉES.	HEIDENHEIM.	THERMID. an IV.
RHIN et MOSELLE.	*SAINT-CYR, général de division, commandant.* Prise du poste de Heidenheim; trois cents ennemis faits prisonniers; prise de cinquante voitures d'ambulance, et de trois mille matelas.	16.
ITALIE.	SALO, LONADO et CASTIGLIONE. *BONAPARTE, général en chef.* *MASSENA, AUGEREAU, } généraux de division.* Défaite complète des Autrichiens; reprise de Salo, Lonado et Castiglione; trois mille ennemis tués ou blessés, quatre mille prisonniers, vingt canons et trois drapeaux pris.	16.
Idem.	OZETO. *HERBIA, adjudant-général, commandant.* Deux bataillons ennemis mis en déroute; prise de Saint-Ozeto.	17.
Idem.	GAVARDO. *DALLEMAGNE, général de brigade, commandant.* Un bataillon français marche sur Gavardo, culbute les ennemis, fait beaucoup de prisonniers; est cerné à son tour, et se fait jour avec ses baïonnettes.	17.
Idem.	GAVARDO. *ST-HILAIRE, général de division.* Défaite d'une colonne ennemie à Gavardo, dix-huit cents hommes faits prisonniers.	17.

ARMÉES.		THERMID. an IV.
ITALIE.	**LONADO.** BONAPARTE, *général en chef, commandant.* Quatre mille Autrichiens, avec de la cavalerie et de l'artillerie, viennent sommer Lonado de se rendre ; le général en chef s'y trouve, et quoique n'ayant que douze cents hommes, il fait mettre bas les armes à l'ennemi.	17.
SAMBRE et MEUSE.	**BAMBERG.** GRENIER, *général de division, commandant.* Prise de Bamberg, et de dix-huit mille quintaux de farine et d'un magasin considérable d'avoine.	17.
ITALIE.	**CASTIGLIONE et LA CHIESA.** BONAPARTE, *général en chef.* MASSENA, SERRURIER, AUGEREAU, *généraux divisionnaires.* L'armée de Wurmser postée entre le village de Solferino et la Chiesa, mise en déroute et poursuivie pendant trois lieues ; deux mille ennemis tués ou prisonniers ; prise de dix-huit canons et de cent vingt caissons.	18.
Idem.	**PESCHIERA.** BONAPARTE, *général en chef.* L'ennemi retranché derrière le Mincio, entre Peschiera et Mantoue, est attaqué, mis en déroute, et lève le siége de Peschiera ; sept cents prisonniers ; prise de douze canons.	19.

Armées.		Thermid. an IV.
	Altendorff. *Lefebvre, général de division, commandant.*	
Sambre et Meuse.	Combat d'Altendorff ; grand nombre d'ennemis tués, cent soixante hommes faits prisonniers.	19.
	Véronne. *Massena, Augereau,* } *généraux de division.*	
Italie.	Les Français reprennent leurs anciennes positions, font quatre cents prisonniers, et prennent sept canons, passent le Mincio, arrivent à dix heures du soir à Véronne, qui refuse d'ouvrir ses portes ; elles sont enfoncées à coups de canon, et on y fait trois cents prisonniers.	20.
	Neresheim. *Moreau, général en chef.*	
Rhin et Moselle.	L'ennemi attaqué dans sa position de Neresheim, est mis en fuite ; quatre cent cinquante prisonniers.	21.
	Forscheim. *Kleber, général de division, commandant en chef, par interim.* *Lefebvre, Colaud,* } *généraux de division.*	
Sambre et Meuse.	Combat sur la Rednitz ; l'ennemi mis en déroute avec perte considérable en tués, blessés ou prisonniers ; prise de Forscheim, de soixante-dix pièces de canon et quantité de munitions.	21.

ARMÉES.		THERMID. an IV.
ITALIE.	**MANTOUE.** *LASALCETTE, général de brigade.* Les Français reprennent leurs positions devant Mantoue, s'emparent de quelques convois, et font des prisonniers.	23.
Idem.	**LA CARONA, MONTEBALDO et PRÉABOLO.** *MASSENA, général de division.* L'ennemi attaqué à la Carona et à Montebaldo ; les Français s'emparent de ces postes et de Préabolo ; quatre cents prisonniers, sept canons.	24.
RHIN et MOSELLE.	**HEIDENHEIM.** *MOREAU, général en chef.* *SAINT-CYR, DESAIX, } généraux de division.* Bataille de Heidenheim ; après dix-sept heures de combat, l'ennemi fait sa retraite derrière la Vernitz ; sept mille ennemis tués, blessés ou faits prisonniers.	24.
SAMBRE et MEUSE.	**ROTHEMBERG.** *JOURDAN, général en chef.* *NEY, adjudant-général, commandant.* Prise du fort de Rothemberg et de quarante-neuf bouches à feu, quatre cent cinquante tonnes de farine.	24.
RHIN. et MOSELLE.	**BREGENTZ.** *FERINO, général de division.* *ABBATUCCI, général de brigade.* Entrée des Français dans Bregentz ; prise de trente bouches à feu, quarante-neuf grands bateaux, et quarante mille sacs d'avoine, orge et farine.	24.

ARMÉES.		THERMID. an IV.
ITALIE.	**ROQUE DANFONCE.** *SORET, SAINT-HILAIRE,* } *généraux de brigade.* L'ennemi est forcé à la Roque Danfonce et à Lodron. Bon nombre de tués, onze cents prisonniers, six canons et des bagages. Une autre colonne passe l'Adige, pousse l'ennemi sur Roveredo, et fait quelques centaines de prisonniers.	25.
SAMBRE et MEUSE.	**NEUMARK.** *BERNADOTTE, général de division, commandant.* Prise de Neumark; enlèvement de quelques prisonniers et plusieurs chevaux.	28.
Idem.	**SULZBACH, POPERG et LEINFELD.** *JOURDAN, général en chef.* Attaque faite par l'ennemi, qui est repoussé et chassé de la hauteur de Sulzbach, après un combat des plus opiniâtres. Combat de Poperg et Leinfeld, où, après un combat de douze heures, l'ennemi fut repoussé jusqu'à Amberg; prise de Castel; douze cents ennemis tués ou blessés, deux cents prisonniers.	30.
RHIN et MOSELLE.	Conclusion du traité de paix avec le duc de Wurtemberg.	30.
		FRUCTID.
ITALIE.	**TRENTE.** *BONAPARTE, général en chef.* Retraite de l'armée de Wurmser derrière Trente, après avoir brûlé sa marine sur le lac de Garda.	2.

Armées.		Fructidor an IV.
Italie.	**Governolo et Borgoforte.** *Sahuguet, général de division.* Prise de Borgoforte et de Governolo, après une vive canonnade; cinq cents ennemis tués ou blessés.	7.
Rhin et Moselle.	**Passage du Lech, Friedberg.** *Moreau, général en chef.* Combat de Friedberg et passage du Lech à la nage, par les Français; l'ennemi repoussé et mis en déroute; grand nombre d'ennemis tués ou blessés, seize cents faits prisonniers; prise de vingt canons et deux drapeaux.	7.
Idem.	Conclusion du traité de paix avec le margrave de Baden.	13.
Idem.	**Ingolstadt et Fresing.** *Moreau, général en chef.* *Desaix, Saint-Cyr, Ferino,* } *généraux de division.* L'ennemi attaquant et attaqué depuis Ingolstadt jusqu'à Fresing, est battu sur tous les points; quinze cents des siens tués ou blessés, trois cents faits prisonniers; prise de cent six chevaux, un obusier et un caisson.	17.
Italie.	**Santo Marco, Piève et Chateau de la Piétra.** *Bonaparte, général en chef.* *Massena, Vaubois, Augereau,* } *généraux de division.* Attaque par les Français de Santo Marco; l'ennemi chassé successivement de ses	18.

ARMÉES.		FRUCTIDOR an IV.
ITALIE.	lignes et postes de Piève et Roveredo, se retire au château de la Piétra, où il est forcé et mis en fuite; grand nombre d'ennemis tués ou blessés, six à sept mille prisonniers; prise de vingt-cinq pièces de canon, cinquante caissons et de sept drapeaux.	18.
RHIN et MOSELLE.	**BRUSCHALL.** *SCHERS, général de brigade.* *RAMEL, adjudant-général.* Les garnisons de Philisbourg et Manheim, avec quatre mille paysans armés, ayant résolu d'attaquer le camp français de Bruschall, furent devancées, attaquées et repoussées jusques sous les murs de Philisbourg; les paysans furent en grande partie taillés en pièces.	18.
ITALIE.	**TRENTE et LAVIS.** *MASSENA, VAUBOIS,* } *généraux de division.* Prise de Trente; le pont et le village de Lavis forcés; grand nombre d'ennemis tués; cent hussards de Wurmser avec leurs guidons, et trois cents hommes d'infanterie faits prisonniers.	19.
RHIN et MOSELLE.	Armistice conclu avec S. A. S. E. Bavaro-Palatine.	21.
Idem.	**MAINBOURG et MOSBOURG.** *FERINO, général de division, commandant.* L'avant-garde du centre rencontre l'ennemi à Mainbourg et le culbute; la gauche de la division du général Ferino marche sur Mosbourg, et l'en chasse; cinq cent cinquante ennemis faits prisonniers; prise d'un canon.	21.

ARMÉES.		FRUCTIDOR an IV.
ITALIE.	**PRIMOLAN, LA BRENTA et COVELO.** *BONAPARTE, général en chef.* *AUGEREAU, général de division.* Attaque du camp retranché de Primolan; l'ennemi mis en fuite se rallie dans le fort de Covelo, qu'il est forcé d'évacuer; la cavalerie républicaine le poursuit, atteint la tête de la colonne, qu'il fait prisonnière; grand nombre d'ennemis tués ou blessés, quatre mille prisonniers; prise de dix canons, quinze caissons et neuf drapeaux.	21.
Idem.	**LA BRENTA, BASSANO.** *BONAPARTE, général en chef.* *AUGEREAU, général de division.* L'ennemi chassé de la rive droite de la Brenta, se retire à Bassano; les républicains lui livrent bataille en avant de la ville, le mettent en déroute et le poursuivent jusqu'à Citadella; cinq à six mille hommes faits prisonniers; prise de cinq drapeaux, quarante-cinq canons, un équipage complet de pontons, deux cents fourgons tout atelés, et de magasins immenses à Bassano.	22.
RHIN et MOSELLE.	**KAMLACH.** *FERINO, général de division, commandant.* Combat de Kamlach; l'ennemi repoussé jusqu'à Mindelheim; perte considérable des émigrés; le corps de chasseurs nobles presqu'entièrement détruit.	28.

Armées.		Fructidor an IV.
	Porto Legnago. *Augereau, général de division.*	
Italie.	Prise de Porto Legnago, de la garnison, forte de seize cent soixante-treize hommes, vingt-deux pièces de canon de campagne, tout attelées, ainsi que leurs caissons.	27.
	Saint-Georges. *Bonaparte, général en chef.*	
Idem.	Bataille de Saint-Georges; l'ennemi battu sur tous les points, est contraint de se sauver dans Mantoue; deux mille cinq cents ennemis tués ou blessés, deux mille faits prisonniers, dont un régiment entier de cuirassiers et une division de hulans; prise de vingt-cinq canons, avec leurs caissons tout attelés.	29.
	Kehl. *Siscé, général de brigade.*	Jours complém.
Rhin et Moselle.	A la pointe du jour, l'ennemi attaque le fort de Kehl, le traverse, arrive jusqu'à la tête du grand pont, où il a été arrêté, culbuté et repoussé jusqu'au-delà du village de Kehl, avec une perte considérable en tués et blessés; trois cents ennemis faits prisonniers, dont trente officiers.	2.
	Governolo. *Kilmaine, général de division, commandant.*	Vendém. an V.
Italie.	L'ennemi attaqué à Governolo, est mis en déroute, avec perte de onze cents hommes faits prisonniers, cinq canons et caissons tout attelés.	2.

ARMÉES.		VENDÉM. an V.
SAMBRE et MEUSE.	**NIDER-ULM.** *HARDY, général de brigade, commandant.* Attaque faite, par l'ennemi, sur les points de Wurstatt, Nider-Ulm, Ober et Nider-Ingelheim, d'où il est repoussé avec vigueur. Grand nombre des siens tués ou blessés; soixante faits prisonniers.	6.
ITALIE.	**REGGIO.** Cent cinquante hommes font une sortie de Mantoue pour se procurer du fourrage; ne pouvant rentrer, ils se retirent à Reggio, où les habitans armés les poursuivent jusqu'au château de Monte-Chierogolo, et les font prisonniers par capitulation.	8.
RHIN et MOSELLE.	**RIBERAC et STENHAUSEN.** *MOREAU, général en chef.* *DESAIX,* } *généraux de* *SAINT-CYR,* } *division.* L'ennemi, attaqué sur toute la ligne, est mis en pleine déroute. Grand nombre d'hommes tués ou blessés; cinq mille faits prisonniers, dont soixante-cinq officiers; prise de plusieurs drapeaux et vingt canons.	11.
ITALIE.	**MANTOUE.** *SAHUGUET, général de division, commandant.* L'ennemi, au nombre de quatre mille six cents hommes, fait une sortie; il est forcé de rentrer précipitamment dans la place. Grand nombre de tués ou blessés, et cent quarante-cinq faits prisonniers.	16.

Armées.		Vendém. an V.
Rhin et Moselle.	**Rentzengen et Simonswald.** *Moreau, général en chef.* *Beaupuis, général de division.* L'armée française est attaquée sur son centre et à sa gauche par des forces supérieures; les efforts de l'ennemi sont inutiles : il perd cinq cents hommes tués, un grand nombre de blessés, et sept cents prisonniers.	28.
Italie.	**Bastia, Saint-Florent, Bonifacio.** *Casalta, général de brigade, commandant.* Les Français ayant débarqué en Corse, sont joints par un nombre assez considérable d'habitans; ils se portent sur Bastia, et somment les Anglais, qui étaient dans le fort au nombre de trois mille : ceux-ci se jettent en désordre sur leurs vaisseaux; le général Casalta fond sur eux, et leur fait huit à neuf cents prisonniers. Les Français s'emparent de Saint-Florent et Bonifacio, et font prisonnières les garnisons de ces deux places.	29.
Sambre et Meuse.	**Neuwied.** *Beurnonville, général en chef.* *Championnet, Grenier,* } *généraux de division.* L'ennemi passe le Rhin sur six points, depuis Bacharach jusqu'à Andernach, et attaque la tête du pont de Neuwied; il est forcé à la retraite, après avoir laissé la terre jonchée de morts et de blessés. Tout ce qui a débarqué, de la part de l'ennemi, a été tué, fait prisonnier ou noyé; six cents prisonniers et quatre cents blessés sont restés au pouvoir des Français.	30.

Armées.	Saint-Wendel, Kirchenpoland, Bingen, etc.	Brumaire, an V.
	Ligniville, Poncet, Hardy, } *généraux de division.*	
Sambre et Meuse.	Attaque et prise de Saint-Wendel, Kayserslautern, Kirchenpoland, Bingen et de la montagne Saint-Roch ; l'ennemi forcé sur tous les points, est obligé d'abandonner quatre camps. Grand nombre des siens tués et blessés, dont cinq officiers supérieurs ; cent hommes faits prisonniers ; prise d'un canon.	5.
	Mantoue. *Moreaux, chef de brigade.*	
Italie.	L'ennemi fait une sortie de Mantoue, et débarque entre Saint-Georges et Cipade ; il est culbuté sur ses bateaux. Grand nombre des siens tués ou blessés ; deux cent cinquante faits prisonniers.	7.
	Saint-Michel, le Lavis. *Vaubois, général de division.*	
Idem.	Prise du village de Saint-Michel ; les ponts sur l'Adige brûlés par les Français. L'ennemi se porte sur le Lavis, où il est battu et repoussé jusque dans le village de Segonzano. Douze cents ennemis tués ou blessés, quatre cent quarante-cinq faits prisonniers.	12.
	La Brenta. *Bonaparte, général en chef.* *Augereau, Massena,* } *généraux de division.*	
Idem.	L'ennemi ayant passé la Brenta, est obligé de la repasser, après un combat meurtrier. Perte considérable de l'ennemi en tués et blessés ; cinq cents prisonniers.	15.

Armées.	Saint-Martin, Saint-Michel et Caldero.	Brumaire an V.
Italie.	*Bonaparte, général en chef.* *Augereau, Massena,* } *généraux de division* L'armée française, sur l'Adige, rencontre l'ennemi entre Saint-Martin et Saint-Michel, le culbute et le poursuit l'espace de trois milles. Le lendemain, les deux armées se trouvent en présence, et, malgré un tems affreux, l'ennemi a été forcé à Caldero et dans ses autres positions: on lui a fait sept cents prisonniers, et pris plusieurs canons.	21 et 22.
Idem.	Arcole. *Bonaparte, général en chef.* *Augereau, Massena,* } *généraux de division.* Cette bataille mémorable a duré trois jours de suite; elle a été décidée, le 27, par la prise du village d'Arcole, d'où l'ennemi a été chassé et poursuivi jusqu'à Bonifacio. Il a eu quatre mille hommes tués, autant de blessés, quatre à cinq mille prisonniers, dont cinquante-sept officiers; il a perdu quatre drapeaux, dix-huit canons, quantité de caissons, etc.	25, 26 et 27.
	Campana, Rivoli, Corona, Dolce.	Frimaire.
Idem.	*Bonaparte, général en chef.* *Massena, Vaubois,* } *généraux de division.* L'ennemi est attaqué et repoussé, de position en position, de Castelnovo à Rivoli, la Corona et le long de l'Adige, jusqu'à Dolce. Grand nombre de tués et de blessés, douze cents faits prisonniers, dont un colonel, prise de quatre canons et de six caissons.	1.

Armées.		Frimaire, an V.
Rhin et Moselle.	**Kehl.** *Moreau, général en chef.* *Desaix, général de division.* Sortie vigoureuse faite par la garnison de Kehl; la ligne ennemie est forcée sans tirer un coup de fusil; une partie de son artillerie enclouée. Perte considérable de l'ennemi en tués ou blessés, six à sept cents faits prisonniers; prise de dix canons.	2.
Italie.	**Mantoue.** *Kilmaine, général de division, commandant.* Sortie faite par la garnison de Mantoue, qui est brusquement repoussée, et forcée de rentrer dans la place. Grand nombre d'ennemis tués ou blessés, deux cents faits prisonniers; prise de deux canons et un obusier.	3.
Rhin et Moselle.	**Huningue.** *Ferino,* } *généraux de* *Abatucci,* } *division.* A onze heures du soir, l'ennemi, sur trois colonnes, attaque la tête du pont d'Huningue, et s'empare de la demi-lune; il en est délogé après un vif combat, et il perd deux mille hommes tués ou blessés, et cent prisonniers de guerre.	10 au 11.
		Nivôse.
Italie.	**Saint-Michel.** *Bonaparte, général en chef.* *Massena, général de division.* Combat de Saint-Michel devant Véronne; l'ennemi battu complettement, avec perte de sept cents hommes faits prisonniers, et trois canons.	23.

Armées.		Nivôse, an V.
	Montebaldo. *Joubert, général de division, commandant.*	
Italie.	L'ennemi attaque la tête de la ligne de Montebaldo, où, après un combat très-vif, il est repoussé avec perte de trois cents prisonniers.	23.
	Bataille de Rivoli. *Bonaparte, général en chef.* *Joubert, Berthier,* } *généraux de division.*	
Idem.	A la pointe du jour, la bataille commença par la prise de Saint-Marco, et dura jusqu'au soir; l'ennemi fut mis entièrement en déroute, et poursuivi pendant toute la nuit. Le lendemain, il tenait encore à la Corona: là, tout ce qui était échappé à la journée de la veille fut tué, blessé ou fait prisonnier de guerre. L'ennemi perdit, dans ces deux journées, outre un grand nombre de tués ou blessés, treize mille hommes faits prisonniers, neuf canons et plusieurs drapeaux.	25 et 26.
	Anghiari. *Augereau, général de division.* *Guyeux, général de brigade.*	
Idem.	Dix mille ennemis forcent le passage d'Anghiari; les républicains, au nombre seulement de quinze cents, les harcèlent toute la journée, et leur font trois cents prisonniers. Le lendemain, l'ennemi file droit sur Mantoue; son arrière-garde est atteinte, et il perd deux mille hommes prisonniers de guerre et seize pièces de canon.	25 et 26.

Armées.		Nivôse, an V.
	Saint-Georges. *Miolis, général de brigade.*	
Italie.	Le général Provera, à la tête de six mille hommes, attaque le faubourg Saint-Georges pendant toute la journée, mais inutilement : n'ayant pu y entrer, il marche sur la Favorite.	26.
	Bataille de la Favorite. *Bonaparte, général en chef.* *Serrurier, Victor,* } *généraux de division.*	
Idem.	Une heure avant le jour, l'ennemi attaque la Favorite : le général Wurmser fait une sortie de Mantoue, et attaque les lignes du blocus par Saint-Antoine ; mais il est obligé de rentrer dans la place, avec perte de quatre cents prisonniers, et quantité de tués et blessés ; la colonne ennemie, commandée par le général Provera, est acculée au faubourg Saint-Georges ; là, elle est obligée de capituler au nombre de six mille hommes d'infanterie, et sept cents de cavalerie : elle livre en outre vingt-deux canons, ses caissons, ses bagages, etc.	27.
	Carpenedolo. *Massena, général de division, commandant.*	Pluviôse.
Idem.	L'ennemi, chassé au-delà de la Brenta, est atteint à Carpenedolo, où, après un combat très-vif, il est forcé à la retraite, avec perte de deux cents hommes tués, neuf cents faits prisonniers, dont un major et douze officiers.	7.

ARMÉES.		PLUVIÔSE, an V.
ITALIE.	**AVIO.** *JOUBERT, général de division.* L'ennemi, poursuivi dans les gorges du Tyrol, est atteint à Avio, où on lui fait trois cents prisonniers.	8.
Idem.	**TORGOLE, MORI, TRENTE.** *MURAT, VIAL, généraux de brigade.* Le général Murat débarque à Torgole, en chasse les ennemis. Le général Vial les tourne, et leur fait quatre cent cinquante prisonniers. Entrée des Français dans Roveredo et Trente; l'ennemi perd trois cents hommes faits prisonniers, outre deux mille malades trouvés dans les hôpitaux.	9.
RHIN et MOSELLE.	**HUNINGUE.** *CASSAGNE, chef de brigade.* A trois heures du matin, les Républicains, sur deux colonnes, font une sortie de la tête du pont d'Huningue, chassent l'ennemi des deux premières parallèles, où ils restent jusqu'au jour. Deux cents ennemis tués, six cents blessés; prise de deux canons, de fusils, et d'une grande quantité d'outils; cinq canons encloués.	10.
ITALIE.	**LAVIS.** *JOUBERT, général de division.* *VIAL, chef de brigade.* Les Français attaquent les débris de l'armée autrichienne derrière le Lavis, et les repoussent jusqu'à Saint-Michel. Grand nombre d'ennemis tués et blessés, huit cents faits prisonniers.	14.

ARMÉES.		PLUVIÔSE, an V.
	IMOLA, FAENZA, FORLI. *VICTOR, général de division.* *LASNE, général de brigade.*	
ITALIE.	Entrée des Français dans Imola. Le lendemain, trois à quatre mille hommes de l'armée du pape, retranchés derrière la rivière de Senio, sont mis en déroute avec perte de cinq cents hommes tués, douze cents prisonniers, huit drapeaux, quatorze canons, huit caissons. Entrée des Français dans Faenza et Forli.	13 et 14.
	MANTOUE. *SERRURIER, général de division.*	
Idem.	Capitulation de Mantoue; la garnison prisonnière de guerre. On y a trouvé cinq cent trente-huit bouches à feu; dix-sept mille cent quinze fusils; quatre mille quatre cent quatre-vingt-quatre pistolets; quatorze mille cinq cent soixante-deux bombes; cent quatre-vingt-sept mille trois cent vingt-neuf boulets; cinq cent vingt-neuf mille livres de poudre; un million quatre cent un mille trois cent soixante-dix-neuf gargousses et cartouches de tout calibre; trente-six mille cent livres de fer; trois cent vingt-un mille quatre cents livres de plomb; cent quatre-vingt-quatre charriots ou caissons.	14.
	DERUNBANO. *MURAT, général de brigade.*	
Idem.	Les avant-postes de l'ennemi repoussés sur la droite de l'Adige; prise de Derunbano: deux cent trente-sept prisonniers de guerre.	18.

ARMÉES.		PLUVIÔSE, an V.
	ANCÔNE. *VICTOR, général de division.*	
ITALIE.	Les troupes du pape, au nombre de douze cents hommes, sur les hauteurs en avant d'Ancône, sont enveloppées et faites prisonnières, sans tirer un coup de fusil. Prise d'Ancône et de cent vingt pièces de canon, trois mille fusils, etc.	21.
	LORETTO. *MARMONT, chef de brigade.*	
Idem.	Prise de Loretto. On y a trouvé pour un million en matières d'or et d'argent.	22.
		VENTÔSE.
Idem.	Traité de paix avec le pape, conclu à Tolentino.	1.

SOMMAIRE

DES AVANTAGES REMPORTÉS

PAR LES ARMÉES DE LA RÉPUBLIQUE,

Depuis le 8 *septembre* 1793, *jusqu'au* 1er *ventôse, an* 5;

SAVOIR:

Cent quatre-vingt-dix-huit victoires, dont quarante-quatre en batailles rangées; cent quarante-huit mille neuf cent cinquante ennemis tués; deux cent soixante-quinze mille huit cent trente-sept prisonniers de guerre; prise de deux cent soixante-sept places fortes ou villes importantes; quatre cent soixante-six forts, camps ou redoutes; sept mille huit cent trente-huit bouches à feu; cent quarante-huit mille cinq cent soixante-un fusils; trois millions huit cent cinquante-huit mille cent cinquante livres de poudre; deux cent vingt-cinq drapeaux, etc. etc. etc. etc.

TABLE ALPHABÉTIQUE

DES NOMS DE LIEUX.

A.

B.

Q

www.ingramcontent.com/pod-product-compliance
Ingram Content Group UK Ltd.
Pitfield, Milton Keynes, MK11 3LW, UK
UKHW031921260826
14628UKWH00003B/1335

9 782019 689902